KB143507

미리 세우는
내 아이
입시 전략

미리 세우는 내 아이 입시 전략

초판 1쇄 인쇄 2023년 3월 15일
초판 1쇄 발행 2023년 3월 22일

지은이 정영은

발행인 장상진
발행처 (주)경향비피
등록번호 제2012-000228호
등록일자 2012년 7월 2일

주소 서울시 영등포구 양평동 2가 37-1번지 동아프라임밸리 507-508호
전화 1644-5613 | **팩스** 02) 304-5613

ⓒ정영은

ISBN 978-89-6952-537-6 03370

입시를 잘 모르는 부모를 위한 **원 포인트** 레슨

미리 세우는
내 아이
입시 전략

정영은 지음

경향BP

고등학생도 아닌데,
대학 입시라니! 지나치지 않아?

이 책은 지금 고등학생인 학생과 학부모님들보다 초등 고학년에서 고등학교 입학을 앞둔 중학생 학부모님들을 위해 쓰였습니다.

사실 이런 이야기를 책 서두에 하면 반감을 가지는 분도 많을 거라는 생각을 했습니다. 이제 겨우 사춘기를 맞은 10대 초반의 학생들에게 대학 입시라니!

한편으로는 이게 현실인가 싶어서 가슴이 쿵 내려앉는 분들도 계실겁니다. 하지만 이 책을 읽기 전에 우리는 '입시'라는 것을 정확하게 이해할 필요가 있습니다.

사전적 정의에서 입시란 입학을 위해 치르는 시험입니다. 그런데이 '시험'이라는 단어를 어떻게 볼 것인가에 따라 입시를 바라보는 관점이 완전히 달라집니다.

부모님들이 겪었던 시험이란 객관식이나 단답형 위주의 지필고사를 중심으로 점수와 등수를 매기는 것이었습니다. 그 시대의 우등생은 교우 관계가 좀 안 좋아도 괜찮았고, 동아리 활동에 적극적이지 않아도 괜찮았습니다. 심지어 시험에 큰 영향을 끼치지 못하는 '비'주요 과목 시간에는 몰래 국·영·수 문제집을 푸는 경우도 많았습니다.

그래도 상관없었습니다. 학교생활에 별로 충실하진 않더라도 시험을 잘 쳐서 높은 점수와 등수를 받았다면 그 학생이 우등생이라는 것에 딴죽을 걸 사람은 없었으니까요. 하지만 그런 시대는 이제 지났습니다.

"성적 좋은 건 알겠어. 그런데 인격적으로 성숙한 학생인지도 궁금해."

"성적은 훌륭하네. 그런데 우리 학과에 정말로 관심이 있어서 지원한 걸까?"

"성적은 나무랄 데 없어. 그런데 교과서만 외운 것일지도 모르잖아."

요즘 대학 입시는 이렇듯 단순히 성적만 좋은 우등생에게 의문 어린 시선을 보내고 있습니다. 상위권 대학일수록 단순히 시험 점수만 확인해서 합격생을 결정하지 않습니다.

물론 성적은 여전히 중요한 평가 지표 중 하나입니다. 하지만 성적만 좋다고 무조건 우등생이었던 옛날과 달리 요즘 '우등생'들은 성적 외에도 나의 우수함을 증명해야 하는 여러 과정이 필요합니다. 대학에 따라 원하는 인재상이 조금씩 다르기 때문에 선발을 위한 채점 문항이나 비율이 조금씩 다르기는 하지만 가장 많이 사용되는 3가지 영역은 아래와 같습니다.

학업 역량	진로 역량	공동체 역량
· 학업 성취도 · 학업 태도 · 탐구력 등	· 관련 교과 이수 상황 · 관련 교과 성취 정도 · 진로 탐색 노력 등	· 협업 및 소통 능력 · 나눔과 배려 · 성실성과 리더십 등

가장 먼저 학업 역량입니다. 이것은 예전 우등생들의 유일한 지표였던 성적을 포함해 각 과목 선생님들의 평가와 수행평가, 수업 중 발표, 연구 자료의 주제 및 내용을 모두 포함합니다.

진로 역량 역시 일부 대학에서는 학생 선발의 50% 이상을 차지할 만큼 중요한 요소입니다. 쉽게 말하면 "성적 맞춰 우리 학과에 지원을 한 것인지, 아니면 예전부터 우리 학과에 관심이 있어서 준비를 한 것인지 증명해 보세요."에 답할 수 있어야 하는 내용들입니다.

공동체 역량 역시 소홀히 해서는 안 됩니다. 기술의 발달로 지식의 단순 암기나 반복적인 가공은 AI가 대체하기 시작한 시점이기 때문에 앞으로 미래를 이끌어 나갈 리더들에게 필요한 핵심 역량은 인공지능이 따라잡기 어려운 지극히 인간적인 가치들입니다. 커뮤니케이션 스킬이나 올바른 사회적 가치관, 새로운 해법을 찾는 창의력 같은 것들이지요.

요즘 대학 입시는 이렇듯 다원화된 평가 지표를 사용하고 있습니다. 문제는 이런 대학 입시에서 올바른 답을 하기 위한 준비를 고등학생 때 시작하기란 이미 늦었다는 겁니다.

창의력과는 담 쌓고 살며 문제집 풀이만을 해 온 학생이 '우리 학교 매점의 매출을 늘리기 위한 방안을 고민하여 보고서를 작성하라.'는 사회문화 수업 발표에 적극적으로 참여할 수 있을까요?

자, 다시 한 번 처음의 물음으로 돌아가 보겠습니다.

'입시'라는 시험을 어떤 관점으로 봐야 할까요?

우리 아이들이 앞으로 겪게 될 입시는 이제 지필고사 점수를 넘어 아이의 미래 역량을 높여야 하는 장기적인 도전 과제가 되었습니다. 따라서 대학 입시에 대해 빨리 관심을 가진다면 미디어가 만들어 낸 왜곡된 이미지의 '입시 치맛바람'이 아닌 우리 아이의 강점을 살려 주고 약점을 보완하기 위한 '페이스메이커'로서의 역할을 성공적으로 수행할 수 있는 확률이 높아질 수밖에요.

그러니 바뀌는 교육 정책을 알아보는 등 아이를 위한 정보 탐색을 부끄러워하지 마세요. 입시 전문가가 되라는 것이 아닙니다. 하지만 철 지난 '우등생'의 틀에 우리 아이를 억지로 끼워 넣지 않기 위해서라도 이제는 시야를 넓혀야만 합니다.

교육 컨설턴트 정영은

차례

1장

그래서,
입시가 뭔데?

6장 공부하는 아이로 만드는
엄마의 스킬

그래서,
입시가 뭔데?

치맛바람,
돼지엄마가 입시라고?

'입시'라는 단어를 생각하면 어떤 이미지가 떠오르시나요?

혹시 치맛바람, 돼지엄마, 대치동 키즈, 줄 세우기… 이런 것들이 떠오르셨나요?

좋습니다. 위에 나열된 단어들이 '입시'와 관계가 없다고 딱 잘라 말할 수는 없는 게 현실이긴 하지요.

그렇다면 이런 단어는 어떤가요?

자기주도 학습, 글쓰기와 토론, 꿈과 적성, 스스로의 가치를 증명하기.

올바른 학습의 목표인 것 같긴 한데 당장 아이들 앞에 닥친 현실과는 동떨어진 이상향처럼 보이시나요?

만약 그렇다면 여러분은 입시에 대해서 모르고 있는 겁니다.

입시의 사전적인 의미는 다음과 같습니다.

입시 : 입학생을 선발하기 위해 치르는 시험

맞습니다. 우리가 흔히 이야기하는 입시는 일부 명문 고등학교나 대학교에 입학하기 위해 수험생들이 치르는 시험 혹은 시험 과정을 뜻합니다.

예전에는 '수능' 혹은 '학력고사'와 같은 일회성 시험으로 선발이 결정되었다면, 요즘은 '수시'로 대변되는 고등학교 학생부 위주의 선발 방식도 생겨났지요.

학생부는 고등학교 3년간 생활하며 차곡차곡 모은 '나의 활동'에 대한 기록지입니다. 나의 신짜 가치를 보여 주기 위해 제출하는 일종의 포트폴리오인데, 여기에는 나의 성적은 물론이고 교우 관계, 선생님의 평가, 과제의 주제와 수준, 발표의 양과 질, 토론의 주장과 근거 같은 것들은 물론이고 동아리 활동, 진로 활동, 독서 활동 같은 수업 외 '창의적 체험 활동'까지 모두 포함됩니다. 심지어 가치관과 리더십, 인성과 문제해결력, 갈등 극복 경험 같은 것들도 모조리 확인할 수 있습니다.

말 그대로 '학생들의 가장 내밀한 기록'입니다. 이를 두고 어떤 사람들은 이렇게 얘기합니다.

"결국 좋은 학생부를 만드는 건 부모님의 재력과 관심 아닌가요?"

미리 세우는 내 아이 입시 전략

좋은 학생부를 만들기 위해 부모님의 '관심'이 필요하다는 말에는 저도 동의합니다. 꿈 많고 끼 많고 욕심까지 많은 학생이라고 할지라도 어디까지나 10대인 아이들이라서 아차 하는 순간 보고서 제출 날짜를 지나쳐 버릴 때도 있고, 모든 일이 귀찮아지는 슬럼프에 빠질 때도 있으니까요.

아이들이 자제력을 잃었거나 목표를 잃고 끊임없이 침잠할 때, 가장 가까운 곳에서 손 내밀며 수렁에서 건져내 줄 수 있는 것은 결국 부모님일 테니 부모님의 관심은 기나긴 입시 생활 중 꼭 필요한 부분일 겁니다. 하지만 '재력'이 필요할지는 의문입니다.

혹시 드라마나 영화에서 만들어 낸 '족집게 컨설턴트'가 없으면 우리 아이가 목표로 삼은 명문대에 가지 못할 것 같아 불안한가요? 물론 사교육 시장은 워낙 넓고 비밀도 많은 곳이라 이런 존재가 아예 없다고 단언하지는 않겠습니다.

하지만 이런 '컨설턴트'를 통해 별 다른 노력을 기울이지 않아도 좋은 대학에 턱턱 붙는다면 왜 교육 특구의 학부모님들은 자사고, 특목고 같은 명문 고등학교에 입학하기를 바라는 걸까요? 심지어 지금은 블라인드 제도가 시행되어 학교 이름이 드러나지도 않는데 말입니다.

이유는 간단합니다. 미디어가 만들어 낸 입시에 대한 대표적인 환상 중 하나인 '족집게 컨설턴트'보다 학교 내 활동의 질적 우수함을 보장받을 수 있는 학교가 입시에서 훨씬 더 유리하기 때문입니다. 다시 말하면 제아무리 돈을 많이 쓰더라도 학교 내에서 다양한 활동을 통해 성장한 학생을 이기기는 어렵다는 뜻이지요.

만약 우리 아이가 평범한 일반고에 진학했다고 하더라도 주어진 여건 아래서 치열하게 자기 탐구를 계속했다면 명문대들은 그 문을 활짝 열어 주곤 합니다. 숫자로 드러나지 않은 아이들의 진짜 모습을 파악하고 잠재력을 확인하는 것, 이것이야 말로 새로운 입시의 핵심입니다.

자, 다시 한 번 묻겠습니다.

자기주도 학습, 글쓰기와 토론, 꿈과 적성, 스스로의 가치 증명하기.

이런 것들이 아직도 입시와 상관 없어 보이나요?

새로운 입시에서 빛을 보는 학생들은 다음의 특징이 있습니다. 각 물음에 대해 답변하며 입시의 진짜 의미를 되새겨 봅시다.

	내용	○	×
1	스스로 계획을 세우고 시간과 할 일을 통제할 수 있어요.		
2	글을 읽고 정확한 내용을 파악한 뒤, 내 의견을 말할 수 있어요.		
3	새로운 내용을 배우면 이전에 배운 내용과 인과관계를 설명할 수 있어요.		
4	내가 좋아하는 것이 무엇인지 알고 나의 꿈을 구체적으로 말할 수 있어요.		
5	발표나 글쓰기처럼 내 생각을 드러내는 것을 두려워하지 않아요.		
6	타인과 공동체에 관심을 가지고 애정 어린 시선을 줄 수 있어요.		
7	공부를 하다 막히는 부분이 있으면 이해하기 위해 적극적으로 노력해요.		
8	싫어하는 과목이라도 미루지 않고 꾸준하게 공부해요.		
9	좋아하는 과목이나 분야에 대해 시험과 관계없이 깊이 파고들어요.		
10	다양한 분야의 배경지식을 넓히기 위해 책을 늘 가까이 해요.		

진로는 중요하지만
직업은 중요하지 않다

새로운 입시의 핵심 목표 중 하나는 '치열하게 진로를 탐색하는 것'입니다. 그러나 이 목표 역시 해석을 바로 할 필요가 있습니다. 고등학교 입학을 앞두었거나 고등학생인 수험생들에게 '진로는 무엇을 나타내는 말일까?'라는 물음을 던지면 대부분 '직업'이라고 이야기합니다.

예전에는 학생부에 '희망 직업'을 기재한 적도 있고, 심지어 학부모님의 희망 직업을 적는 란도 있었던 적이 있습니다. 하지만 지금 고등학교 학생부에서는 더 이상 '직업'에 대해 쓰는 란은 존재하지 않습니다. '진로 활동'을 기록하거나 '진로 관련 활동'을 서술할 뿐이지요.

"선생님, 진로와 직업은 결국 같은 의미 아닌가요?"

두 단어의 사전적 정의를 한 번 볼까요?

진로 : 앞으로 나아갈 길이나 방향	VS	직업 : 생계를 위해 종사하는 일

보다시피 진로와 직업은 비슷하게 사용되지만 전혀 다른 의미를 가집니다. 진로와 직업 모두 학생들의 목표가 될 수는 있지만 대학 입시에서 필요한 것은 '진로'이지 '직업'이 아닙니다. 이 차이는 매우 중요합니다.

희수와 지나가 있습니다. 두 학생은 모두 건축가라는 직업을 갖기를 원합니다.

희수	지나
"난 건축가가 될 거야. 그중에서도 노후 건물 리모델링 전문가가 되고 싶어. 슬럼화가 진행되는 구도심에 획기적인 리모델링으로 활기를 불어넣는다면 가격적인 메리트가 생겨 새로운 수요를 창출할 수 있지 않을까?"	"난 수학과 물리를 잘해. 또 생각해 보면 미술도 꽤 좋아했어. 이 3가지 과목을 좋아하는 내 장점을 살릴 수 있는 건축가가 되면 앞으로 즐겁게 일을 하면서 살 수 있을 거라고 확신해."

대부분의 학생은 진로를 정할 때, 지나와 같은 사고방식으로 직업을 고릅니다. '내가 어떤 과목을 잘하지?', '지원할 학과에 지금 내 성적이 충분한가?' 같은 생각을 하다 보면 직업 그 자체가 목표가 됩니다.

나쁜 것은 아닙니다. 하지만 지나와 같이 직업 자체가 목표인 학생들은 대입 자기소개서를 써야 했던 예전 시절에 대학별 추가 문항으로 '진로 계획을 서술하시오.'라는 질문에 답변을 하는 것을 굉장히 어려워하곤 했습니다. 건축가가 되겠다는 것이 진로 계획의 전부였으니까요.

즉 건축가가 되고자 하는 동기는 있지만 건축가가 된 후의 목표나 꿈은 따로 없었던 것이지요.

반대로 희수는 지나처럼 건축가가 되고 싶어 하지만 건축가라는 직업이 최종 목표는 아닙니다. 희수의 진짜 목표는 '슬럼화된 구도심에 활력을 불어넣는 일을 하는 것'이고, 건축가는 이를 해결하기 위한 수단인 것입니다. 그러니 진로 계획을 말해 보라는 질문을 받으면 신나서 할 말이 정말 많을 수밖에요.

입시를 준비하는 학생들에게 전문가들이 '진로를 탐색하라.'라고 말을 하는 건 직업을 찾으라는 소리가 아닙니다. 겨우 열 몇 살밖에 안된 아이가 어떻게 벌써 직업을 정하겠어요? 다시 말하지만 우리나라 교육과 대학은 아이들에게 '어떤 직업을 골랐니?'를 물어보는 것이 아니라 '어떤 가치관을 가지고 미래 계획을 세웠니?', 다시 말하면 '어떻게 살고 싶니?'라는 것을 물어보는 겁니다.

심지어 중간에 희망하는 직업이 바뀌어도 괜찮습니다. 희수의 경우 학년이 바뀌면서 '슬럼화를 더 효과적으로 개선하기 위해서는 건축가보다 행정가가 되는 것이 더 나을까?'라는 생각을 가지고 공무원으로 진로를 변경할 수도 있습니다.

같은 의미에서 진로도 당연히 바뀔 수 있고, 입시에서도 불리하지 않습니다. 단, 진로나 직업이 바뀔 때는 그 이유가 명확하게 나타나면 됩니다. 애초에 그렇게 탐색하면서 성장하라고 만든 것이 진로 활동 시간이니까요.

정리하자면 입시에서 말하는 '진로'는 직업이 아니라는 것, 그리고 진로는 아이가 배운 내용과 가치관, 꿈이 모두 포함된 것이라는 점입니다. 직업은 수단이며, 진로가 진정한 의미의 목표이니 아이들에게 직업을 강요하는 우를 범하지 않았으면 합니다.

변화를 이해하면
대학 입시가 보인다

"선생님, 갑자기 이렇게 문·이과 통합 수능을 치르면 어떡해요? 문과 아이들한테만 불리해졌잖아요! 아니, 미리 얘기를 좀 해 주던가, 갑자기 이게 무슨 일이래요!"

"맞아요. 갑자기 왜 이렇게 정시가 늘어난 거예요? 매번 이렇게 손바닥 뒤집듯이 바꾸니 어느 장단에 춤을 춰야 할지 모르겠어요."

수능을 목전에 둔 고등학생 자녀를 둔 학부모님들은 속상한 마음에 갑작스레 바뀐 입시 정책을 자주 원망하곤 합니다. 왜 하필 우리 아이부터 바뀐 입시가 적용되는 것인지 화가 났다가 가슴이 답답해졌다가, 하루에도 열두 번씩 속에서 천불이 납니다.

하지만 냉정하게 한 발자국 떨어져서 살펴봅시다. 정말 입시가 갑작스레 바뀌어서 학생들과 부모님들의 애간장을 녹이는 걸까요?

2022 대학 입시, 그러니까 2021년 11월에 수능을 치른 2003년생 학생들은 수능 점수로 대학을 가는 정시 인원이 큰 폭으로 확대된 학년입니다. 그 전까지만 하더라도 주요 대학의 정시(수능) 선발 인원이 수시에 비해서 너무 적었던 탓에 대다수 학생은 수능 대신 내신 위주의 학습을 하며 대입을 준비하곤 했습니다.

'신 중의 신은 내신이다.'라는 우스갯소리가 나올 정도였지요.

심지어 어떤 학생들은 "저는 모의고사 공부 안 해요. 어차피 수능으로 대학 갈 거 아니거든요."라는 말을 하면서 수능은 아예 쳐다보지 않는 경우도 많았습니다. 그래도 괜찮았습니다. 수시, 그중에서도 학생부종합전형으로 학생들을 뽑는 숫자가 정시(수능) 전형을 압도했으니까요.

게다가 정시에는 N수생이나 반수생 같은 일종의 '고인물(한 분야에 경험이 많은 고수)'들이 있기 때문에 정시 선발 인원의 전체 숫자가 적을수록 현역 고3 학생들이 상위권으로 치고 올라가는 것은 꽤 어려운 일입니다. 10명 안에 들어야 하는 시험에서 '고인물'이 5명을 차지하고 있는 것과, 20명 안에 들어야 하는 시험에서 '고인물'이 5명 있는 차이를 생각하면 이해가 쉬울 겁니다.

2019 대학 입시에서 주요 15개 대학의 정시 선발 인원은 전체 신입생 숫자 중 고작 27%에 그쳤습니다. 그에 반해 4년 뒤인 2023 대학 입시에서는 41%가 넘었습니다. 수시 이월 인원을 포함하면 45%에 육박

미리 세우는 내 아이 입시 전략

하는 수치입니다.

그런데 이 모든 일이 이미 4년 전에 예고된 것이라면 어떨까요? 정시 비중이 확대될 것임을 미리 알았더라면 고등학교 입학 전부터 미리 수능에 대한 장기적인 계획을 세우고 준비할 수 있지 않았을까요?

사실 이미 예고는 되었습니다. 입시에서 중요한 변화는 언제나 몇 년 앞서 발표되곤 하니까요. 정시 확대 기조 역시 2018년 가을에 발표된 상황이었습니다. 2022 대학 입시를 기점으로 수능의 영향력이 확대될 것이니 다음 해에 고등학교 1학년이 될 학생들은 이를 고려하여 입시를 준비하라고 말이지요.

심지어 같은 해인 2018년에는 문·이과 통합형 수능이 시행되는 2022 대학 입시부터 문과 계열 학과를 희망하는 학생들이 수능 수학에서 등급 손해를 볼 것이며, 이로 인해 '수능 최저등급 기준'을 충족하지 못하는 일이 속출할 수 있으니 미리미리 수학 공부를 하라는 시그널을 보내기도 했습니다.

하지만 이 같은 사실을 확인하고 미래를 대비한 학생은 극소수에 불과합니다. 심지어 문·이과 통합형 수능을 처음 치른 2003년생 학생들 중에는 '네? 저희가 통합형 수능을 친다고요? 그런데 그게 뭐예요?'라고 되묻는 경우도 많았습니다. 결국 2022 대학 입시에서 미소를 지은 건 착실하게 모의고사를 풀며 정시 준비를 해 왔던 학생들과 문·이과 통합형 수능의 핵심 키를 쥔 수학을 '이과 학생들처럼 공부한' 문과 계열 수학 능력자들이었습니다.

자, 어떻습니까? 아직도 입시의 변화가 갑작스러운 사고처럼 수험생들을 덮치는 것이라고 생각하나요?

서술형 수능 도입에 대한 논의, 정시 전형에서 학생부를 반영하기 시작한 서울대, 고교학점제하의 선택 과목의 중요성 등….

지금 입시는 다시 한 번 격동기를 마주할 준비를 하고 있습니다. 조금 어렵고 힘들지만 변화를 공부하고 이해하여 대비할 것인지, 아니면 철 지난 선배들의 경험에 의존해 행선지가 바뀐 길을 계속해서 따라갈 것인지는 여러분이 해야 할 선택의 몫입니다.

왜 교육정책은
계속 바뀌는 걸까?

"선생님, 도대체 왜 교육이 계속 바뀌는 걸까요?"

너무나 빠르게 변하는 학교와 입시. 새로운 정책은 자고 일어나면 생기는 것 같고, 민감하게 반응하지 못하면 혹시 중요한 사실을 나만 놓친 것은 아닐까 전전긍긍하는 것이 부모 마음입니다. 내가 잠깐 딴데 눈을 돌린 사이 중요한 이야기를 놓쳐서 우리 아이에게 손해가 될까 봐 걱정이 되는 것이지요.

저 역시도 교육의 변화가 빠르게 일어나고 있고, 그 속도가 일반적인 부모님들이 따라가기에는 벅찰 정도라는 것을 인정합니다. 하지만 그럼에도 불구하고 변화의 속도를 늦출 수는 없습니다.

교육의 변화는 거시적으로 보아야 합니다. 지금 우리 아이들이 겪어야 하는 변화는 생존의 문제와 직결되기 때문입니다.

바야흐로 4차 산업혁명의 시대입니다. 인공지능, 빅데이터, 가상현실, 메타버스 같은 단어는 더 이상 새로운 개념이 아닙니다. 자율주행 자동차가 상용화를 앞두고 있고 '가상인간'이 연예인을 대신해 CF를 찍고 있는 세상입니다. 우리 부모 세대가 경험하지 못한 미래가 다가오고 있습니다. 자녀들이 살아갈 세상의 모습은 어떤 형태일지 감히 상상하기도 어렵습니다.

시대가 바뀌는 것을 가장 먼저 피부로 느끼는 것은 일자리 구조의 재편일 것입니다. 4차 산업혁명으로 인한 일자리 구조 변화는 그야 말로 '일자리 쇼크'라고 부를 만한 것입니다. 세계적인 미래학자인 옥스퍼드 대학교의 칼 프레이 교수는 '앞으로 20년 이내에 전체 일자리의 약 절반이 사라질 것'이라는 참담한 연구 결과를 내놓았습니다.

그렇다면 우리나라의 상황은 어떨까요? LG경제연구소에서는 우리나라 전체 일자리의 43%가 AI에 대체될 가능성이 매우 큰 '자동화 고위험군'이라는 연구 결과를 발표했습니다. 역시 충격적인 이야기입니다.

지금 우리 주변에 있는 일자리의 절반 정도가 우리 아이들이 사회에 첫 발을 내디딜 때 즈음엔 마치 '버스 안내양'이나 '전화 교환수'와 같이 역사의 뒤안길로 사라진다는 뜻이니까요. 이미 각계에서는 확정된 변화가 기다리고 있는 미래 사회에 대처하기 위해 안간힘을 쓰고 있습니다.

교육도 마찬가지입니다. 4차 산업혁명 시대에 AI와 경쟁해서 자신의 쓸모를 입증할 수 있는 인재는 주입식, 객관식 평가로 양성할 수 없습니다. 인간이 제아무리 대단한 기억력과 암기력을 가지고 있다 한들 컴퓨터보다 많은 정보를 정확하게 기억하고 출력하기란 불가능합니다. 아무리 숙련된 노동자라고 해도 자지도, 먹지도, 쉬지도 않는 기계보다 효율적으로 일을 할 수는 없습니다.

이제 우리 아이들에게 필요한 능력은 새로운 정보를 빠르게 익혀서 매뉴얼대로 처리하는 것이 아닙니다. 이런 일은 점점 더 AI의 몫이 되겠지요. 20년 뒤 사회에 나올 우리의 자녀들에게 요구되는 필수 자질은 산업화 시대에 요구되었던 빠른 정보 습득 능력이 아닙니다.

AI가 따라오기 가장 어렵다고 평가되는 인간 고유의 특성을 고도로 발전시키는 것. 이것이 지금 교육의 변화가 시작된 이유입니다.

서울대가 정시(일반적으로 수능 점수로 대학을 가는 전형)에서도 학생부를 확인하겠다고 발표한 것, 자신이 듣고 싶은 과목은 스스로 선택해서 듣게 되는 고교학점제, 심지어 서술형 평가가 도입되는 수능까지….

아이들을 괴롭히기 위한 변화가 아닙니다. 공부를 시키지 않겠다는 뜻도 아닙니다. 특정 계층에 편의를 제공하기 위한 것도 아닙니다. 이 모든 교육의 변화는 우리 아이들이 새로운 세상에 적응할 수 있도록 돕기 위한 것입니다.

미래에는 인간에게 새로운 가치가 필요합니다. 교육은 4C라고 불리는 창의력Creativity, 협동 능력Collaboration, 의사소통 능력Communication,

비판적 사고^{Critical Thinking}를 함양할 수 있도록 새로운 평가 체계를 도입하기 시작했습니다. 학교와 대학 입시가 아이들의 '비'교과를 핵심적인 요소로 평가하기 시작한 것에는 바로 이런 이유가 숨어 있었던 겁니다.

흔히 교육을 백년지대계라고 합니다. 백 년을 내다보고 세우는 계획이 필요하다는 뜻이지요. 지금의 변화는 앞으로 다가올 미래를 다지는 초석입니다. 발판을 바로 세워야 방향을 바로 잡을 수 있습니다. 1년 뒤가 아닌, 수십 년 뒤의 세상을 그려 보고 우리 아이에게 필요한 것이 무엇일지를 고민한다면 복잡해 보이던 교육과 입시가 단순해질 것입니다.

이렇듯 어떤 교육 정책의 변화가 시작될 때는 '왜 변하는 것인가?'의 배경을 확인하는 것이 첫 번째입니다. 그래야 본질이 보입니다.

2022 개정 교육과정으로 보는 교육 변화

급격히 변하는 입시의 가장 큰 틀을 이해하기 위해서는 우리 아이에게 적용되는 교육과정을 살펴봐야 합니다. 2022년 하반기에 2022 개정 교육과정이 발표된 사실, 알고 계신가요? 2022 개정 교육과정은 2024년에 초등학교 1, 2학년 학생들을 시작으로 점차적으로 학년을

2022 개정 교육과정 학년별 적용 시기

시기	적용 학년
2024년 1학기	초등 1, 2학년
2025년 1학기	초등 1~4학년, 중학교 1학년, 고등학교 1학년
2026년 1학기	초등 1~6학년, 중학교 1~2학년, 고등학교 1~2학년
2027년 1학기	전 학년

늘려 가며 적용됩니다. 고교학점제나 바뀌는 수능 형태도 모두 2022 개정 교육과정의 산물인 셈입니다.

가장 먼저 유의해서 보아야 할 것은 이전 교육과정과 비교한 개정 방향입니다. 2015 교육과정에서 우리나라 교육의 핵심 목표 중 하나는 '모든 학생이 인문/사회/과학 기술에 대한 기초 소양을 함양하는 것'이었습니다.

그래서 문과와 이과를 폐지하고 문·이과 구분 없는 계열통합형 수능을 치르게 된 것이지요. 즉 '모든 학생'을 특정 계열로 구분해서 한정 짓지 않고 인문과 사회, 과학을 아우르는 융합형 인재를 양성하자는 것이 2015 개정 교육과정의 목표였던 셈입니다.

하지만 2022 개정 교육과정에서 약간의 변화가 생겼습니다. 이제는 '모든 학생이 언어/수리/디지털 소양에 대한 기초 소양을 함양하는 것'을 목표로 삼게 되었습니다.

앞으로 어떤 아이들을 보고 '우등생'이라고 할지 힌트가 좀 되었나요? 그렇지 않아도 중요해 마지않던 수학 과목이 더욱 강화된다는 것은 물론이고 국어나 영어가 아닌 '언어'를 강조한다는 점에서 시험 국어, 시험 영어가 아닌 실용 언어 능력 그 자체가 화두로 떠오른다는 것을 유추할 수 있습니다. 게다가 말이 많던 코딩이니, 디지털 문해력이니 하는 디지털 관련 역량이 드디어 뜬구름 잡는 소리가 아니라 교육의 핵심 목표로 언어, 수학과 어깨를 나란히 하게 되었지요.

변화가 가장 컸던 2가지 내용을 차례대로 살펴볼까요?

미리 세우는 내 아이 입시 전략

먼저 디지털 소양입니다.

아예 공교육에서 '매체 교육'이라는 파트가 신설되었습니다. 기술 발달로 인해 이제 예전과는 달리 우리 아이들은 새로운 매체를 활용하여 정보를 탐색하고 획득하기 위한 역량 함양이 필요합니다. 새로운 매체에서는 어떤 의사소통 방식이 필요한지, 올바른 정보를 탐색하고 나에게 맞는 자료를 찾는 방법은 무엇인지, 나는 해당 매체에 따라 어떤 말하기(글쓰기) 기법을 제시할 수 있을 것인지에 대한 학습이 시작됩니다.

고등학생이 되면 '문학과 영상', '매체 의사소통' 등의 신설 과목을 통해 보다 심화된 매체 활용 방법을 배울 수 있습니다.

디지털 역량 역시 단독 과목으로 편성되지는 않고 '실과' 과목과 학교 자율시간을 통해 기존 17시간 편성에서 34시간으로 증가합니다. 단, 코딩 등을 직접 하기보다는 컴퓨팅 사고 과정을 이해하기 위한 기초 소양을 기르는 것이 목적으로, 언플러그드 활동(컴퓨터의 직접적인 사용 없이 다양한 교구 등을 사용해 컴퓨터 언어의 논리 과정을 배우는 활동)이 중심이 됩니다.

컴퓨팅 사고의 기초 단계

문제 인식 ┈┈> 자료 수집 ┈┈> 자료 분석 ┈┈> 자료 표현 ┈┈> 일반화하기

인공지능과 빅데이터 등 새로운 디지털 기반 기술을 이해하고 활용하기 위해 초등학생 때는 컴퓨터 언어의 문제해결 절차의 기반이 되는 기본 사고 흐름을 공부합니다. 이후 중학생이 되면 정보 교육은 68시간 이상으로 증가하고, 고등학교 입학 후에는 '데이터 과학', '소프트웨어와 생활', '인공지능 수학' 등의 과목을 통해 본격적인 프로그래밍 및 기반 학습이 시작됩니다.

언어 교육 강화도 눈여겨볼 문제입니다.

새로운 언어 교육 목표	
이해 (reception)	표현 (production)
듣기 읽기 (신설) 보기(viewing) : 시청각 이미지가 포함된 '보기' 영역	말하기 쓰기 (신설) 제시하기(representing) : 발표 등의 활동이 포함된 '제시하기' 영역

국어는 요즘 화두인 문해력 문제가 전면에 대두되어, 초등학교 1~2학년은 국어 시간을 34시간 증편하여 기초 한글 교육을 비롯하여 문해력 교육을 강화합니다.

영어도 마찬가지입니다. 기존에는 언어의 4대 기능(읽기, 쓰기, 말하기, 듣기)을 중심으로 영어 학습의 목표를 정했습니다. 하지만 2025년부터는 언어 사용의 '목적'을 중심으로 교육의 방향성이 달라집니다.

2022 개정 교육과정의 '영어'를 한마디로 표현하자면 '입시 영어'와 '실용 영어' 사이의 간극을 줄여 나가고자 한다는 점입니다.

또 고등학생들이 배우는 대부분의 영어 과목은 절대평가가 됩니다. 따라서 대입에서 핵심은 이제 더 이상 A등급(90점 이상)을 받는 것이 아닌, 수많은 A등급 학생 중에서도 내 '진짜 영어 실력'을 보여 줄 수 있는 비교과역량(주제탐구, 수행평가, 보고서, 발표 등)이라는 점을 꼭 기억해 주세요.

2022 개정 교육과정 고등학교 영어 과목 종류	
공통 과목	공통영어I, 공통영어II, 기본영어I, 기본영어II
일반 선택 과목	영어I, 영어II, 영어 독해와 작문
진로 선택 과목	영미문학 읽기, 영어 발표와 토론, 심화 영어, 심화 영어 독해와 작문, 직무 영어
융합 선택 과목	실생활 영어 회화, 미디어 영어, 세계 문화와 영어

※ 주의 : 위의 과목들을 모두 새로 배우는 것은 아니고 아이들의 진로와 적성에 따라 선택이 가능합니다.

2장

고교학점제,
그래서
어쩌란 말이냐?

고교학점제의 핵심은
과목 선택

2009년도 이후 출생한 아이들은 이제껏 존재하지 않던 완전히 새로운 형태의 교육을 경험하게 됩니다. 바로 고교학점제입니다. 고교학점제에서 가장 중요한 가치는 '학생들의 교과 선택권 보장'입니다. 기존에 학교가 가지고 있었던 교과 과정 편제 구성권을 학생들에게 돌려줌으로써 획일적인 교육을 탈피하고 각각의 학생들이 자유로운 진로와 적성을 탐색하여 스스로 성장할 수 있는 기회를 제공하겠다는 것이지요.

꿈과 관심에 따라 학생들은 자신에게 필요한 과목이 모두 다를 겁니다.

정신과전문의가 되고 싶은 학생은 수학과 과학 관련 과목은 물론이고 '심리학'이나 '사회과제탐구' 등 문과 관련 계열 과목을 선택하여 수강함으로써 진로에 대한 확신과 선행 배경 지식을 넓힐 수 있는 기회를 잡을 수 있습니다.

외교관으로서의 미래를 꿈꾸는 학생이라면 영어와 역사 관련 과목은 물론 '국제법'이나 '세계문제와 미래사회' 등의 과목을 배우며 진로 성숙도를 함양하고 다양한 활동을 통해 관련 역량을 기를 수도 있을 테고요.

이렇듯 고교학점제는 단순히 대학처럼 학점을 모아서 졸업을 하는 것이 아니라 진로와 적성을 찾기 위해 노력하는 교육과정입니다. 그런데 앞에서 이야기한 '심리학'이나 '국제법' 같은 과목들, 좀 생소하지 않나요? 고등학교가 아니라 얼핏 대학 강의처럼 보이기도 합니다.

최근 고교학점제 관련 강의로 학부모님들을 자주 만나고 있는데 실제로 가장 당황스러워하는 지점이 바로 이 부분입니다. 교과목이 부모 세대와 너무나 달라졌다는 점입니다.

이미 고등학교 교과목은 고교학점제를 대비하여 세분화되고 다양화되기 시작했습니다. 학생들에게 각자의 진로와 적성에 맞는 과목 선택권을 보장해 주려면 당연하게도 다양한 진로와 적성을 가진 학생들이 흥미를 느끼고, 또 도움이 될 수 있을 만한 과목이 준비되어야 하기 때문입니다.

당연히 과목 수는 부모님들이 겪었던 고등학교 때와 비교할 수 없을 정도로 많아졌고, '인공지능 기초'와 같이 매년 새로운 교과가 새로 등장하는 등 사회 변화와 학생들의 요구에 부합하기 위해 노력하고 있습니다.

그렇다면 현재 고등학교에서 개설할 수 있는 교과목의 수는 몇 개나 될까요? 예측을 좀 더 수월하게 하기 위하여 특성화 고등학교나 마이스터 고등학교에서 주로 개설하는 산업 수요 맞춤 과목들(디자인제도, 급식관리, 기계제어 설계 등)은 제외하겠습니다.(2022년도 기준)

50개? 100개?

강의에서 만나는 수많은 학부모님께 질문을 던지면 보통 아무리 많아도 100개는 안 될 것 같다고 말합니다. 하지만 과연 그럴까요?

현재 고등학교에서 개설할 수 있는 과목의 수는 무려 250여 개에 달합니다. 이 정도면 우리 아이가 꿈을 탐색하고 적성을 찾기 위한 충분한 교과목이 개설될 수 있다는 데 동의할 수 있겠지요?

문제는 250여 개에 달하는 이 많은 과목을 각 학교에서 모두 개설할 수 없다는 점입니다. 학생 수, 교원 수급 문제, 학생들의 과목 선호도 등 다양한 이유로 인해 학교들은 어쩔 수 없이 '우리 학교에서 개설할 과목을 선택하는 상황'을 맞이하게 되었습니다.

그러나 선생님들의 일방적 결정으로 학교에서 개설 과목을 정하게 된다면 고교학점제의 취지에 어긋나는 일입니다. 그렇기 때문에 요즘 고등학교에서는 '과목 수요조사'라는 설문을 수차례 진행하면서 우리 학교 학생들에게 필요한 과목을 최대한 제공하기 위해 노력하고 있습니다.

2022 개정 교육과정이 발표되면서 2009년생 이하 출생 학생들이 고등학생이 되었을 때 배우게 될 교과목의 윤곽도 함께 드러났습니다. 먼저 생각해야 할 것은 고교학점제가 시행된다고 하더라도 '모든 과목을 내 마음대로 정할 수는 없다.'는 점입니다. 마치 대학처럼 졸업을 위해서는 몇 가지 조건을 충족해야 합니다. 그중 중요한 3가지를 확인하겠습니다.

1. 과목 군별 필수 이수학점을 충족해야 한다.
2. 192학점을 채워야 한다.
3. 국어, 수학, 영어 군의 다양한 교과 학점 총합이 81점을 넘어서는 안 된다.

첫째, 과목 군별 필수 이수학점을 충족해야 한다는 것은 다음과 같은 경우를 막기 위한 것입니다. "저는 수학이 싫어요. 그래서 수학 관련 과목은 안 듣고 다른 수업으로 대체하고 싶어요." 즉 아무리 싫어하는 교과 군이 있다고 하더라도 '적어도 이 정도 수업은 들어야 해.'라는 기준점을 마련하는 것입니다.

교과(군)	필수 이수 과목	필수 이수 학점
국어	공통국어1, 공통국어2	8
수학	공통수학1, 공통수학2	8
영어	공통영어1, 공통영어2	8

미리 세우는 내 아이 입시 전략

사회 (역사/도덕 포함)	한국사1, 한국사2	6
	통합사회1, 통합사회2	8
과학	통합과학1, 통합과학2, 과학탐구실험1, 과학탐구실험2	10
체육	-	10
예술	-	10
기술가정/정보/ 제2외국어/한문/교양	-	16

※ 참고 : 1학점은 1주일에 해당 과목 수업이 1번 있다는 의미입니다.

둘째, 192학점을 채워야 하는데, 다음의 기준을 충족해야 합니다.

필수 이수 학점	84학점
자율 이수 학점	90학점
창의적 체험 활동	18학점
총 이수 학점	192학점

위 표 중 '필수 이수 학점'과 '자율 이수 학점'은 모두 교과 수업을 듣는 것으로 채울 수 있는 것이며, '창의적 체험 활동'은 교과 수업이 아닌 동아리나 진로 활동 같은 비교과적 활동 시간을 기준으로 합니다. 즉 학점은 단순히 수업뿐 아니라 다양한 학교 내 활동까지 모두 마쳐야 한다는 뜻이지요. 이를 3년 동안 열심히 채우면 그제야 비로소 고등학교를 졸업하게 되는 것입니다.

셋째, 국어, 수학, 영어 관련 교과를 81학점을 초과하여 들을 수 없습니다. 필수 이수 학점과 자율 이수 학점을 합치면 174학점이 되는데, 국·영·수 최대 81학점을 제외하면 나머지 93학점은 다른 과목으로 채우라는 뜻이 됩니다. 즉 균형 잡힌 과목 이수를 권장하며 다양한 교과 지식을 편중 없이 공부하란 의미로 받아들이면 되겠습니다.

많이 복잡해 보이나요? 하지만 걱정할 필요는 없습니다. 각 학교에서는 이미 고교학점제를 대비하여 '학교 지정 과목'과 '학생 선택권 보장 과목'을 나누어 수강신청을 받는 등 필수로 들어야 하는 과목을 듣지 못해 졸업하지 못하는 학생이 일어나는 불상사를 막기 위해 지금껏 많은 준비를 해 왔습니다.

이제 실제로 수업을 어떻게 고르는지 알아보겠습니다.

미리 세우는 내 아이 입시 전략

어떤 과목을
선택할 것인가?

고교학점제가 완전 시행되기 전 준비 단계인 지금, 이미 학생들은 과목 선택권의 자유를 일부 보장받게 되었습니다. 다만, 주의할 것은 완전하게 내 마음대로 하는 자유는 아니라는 점입니다. 대학을 졸업하기 위해서는 전공 과목 학점과 교양 과목 학점의 필수 이수 학점이 정해져 있는 것처럼 고등학교 역시 마찬가지입니다.

학생들은 국어, 영어, 수학, 사회, 과학 등 과목별 필수 이수 학점(단위)이 존재하기 때문에 수학이 싫다고 국어, 영어 과목만 선택하여 이수하거나 예체능 과목만 선택하여 이수하는 것은 불가능합니다. 따라서 학교들은 학생들이 무사히 졸업할 수 있도록 학교 지정 과목을 설정하고 있고, 학생들은 '혹시 내가 졸업하는 데 교과목 이수 상황이 문제가 되는 것은 아닐까?'를 걱정할 필요는 없습니다.

교과 영역	교과(군)	과목
기초	국어	국어
		문학
		독서
		화법과 작문 / 언어와 매체 (택 1)
		고전읽기 / 현대문학 감상 / 문학과 매체 (택 1)
	수학	수학
		수학I
		수학II
	영어	영어
		영어I
		영어II
		영어권 문화 / 심화 영어I(택 1)
		영미문학 읽기 / 심화 영어II(택 1)
	한국사	한국사
	기초 교과 선택	심화 국어 / 기하 / 심화 수학II (택 1)

이수 과목에 대한 이해를 돕기 위하여 A고등학교의 교과 과정을 함께 살펴보겠습니다.

기초 교과 영역 중 A고등학교 학생들은 국어 교과 군에서 국어, 문학, 독서는 학교 지정 필수 이수 과목으로 선택의 여지없이 모든 학생이 공부하게 되는 과목입니다. 하지만 '화법과 작문', '언어와 매체'는 둘 중 한 과목만 학생들에게 선택할 수 있도록 하고 있고, '고전읽기',

'현대문학 감상', '문학과 매체' 3가지 과목 중 한 과목을 더 선택할 수 있도록 하고 있습니다. 즉 A고등학교 학생들은 기초 국어 교과 군에서는 '국어', '문학', '독서' 외에도 2가지 과목을 추가로 선택하여 반드시 수료해야 한다는 뜻입니다.(선택을 하지 않을 수는 없습니다.)

만약 국어에 흥미를 느끼고 있거나 국어 학습에 좀 더 노력을 쏟고 싶은 학생들이라면 가장 아래 칸을 주목해 주세요. '심화 국어', '기하', '심화 수학II' 중 '심화 국어'를 선택한다면 해당 학생은 국어 영역에서 5개 과목이 아닌, 모두 6개의 국어 과목을 이수하게 되는 것입니다.

정리하자면 고교학점제에서 보장하는 '교과목 선택의 자유'는 일정 가이드라인이 존재하는 '자유'입니다.

또 학생들이 과목을 직접 선택할 수 있는 것은 고등학교 2학년과 3학년 수업에 몰려 있습니다. 1학년 때는 대부분 공통 과목을 이수하면서 앞으로 내가 어떤 과목을 더 공부하고 싶은지를 개괄적으로 배운 뒤, 이를 바탕으로 과목을 선택하기 때문입니다.

그러니 1학년 때는 공통 과목에 속하는 국어, 영어, 수학, 통합사회, 통합과학 등의 과목을 통해 내가 어떤 교과와 단원, 활동과 수업에 흥미를 느꼈는지를 중심으로 2, 3학년 때 배우게 될 교과목에 대한 진로 계획을 작성해야만 합니다.

만약 충분한 고민 없이 예전 교육과정에서처럼 문과/이과 정도의 적성으로만 진로를 계획하게 된다면 어떤 일이 벌어질까요?

과목	
중국어I/일본어I	택1
중국문화/일본문화/지식재산일반/웹프로그래밍	택1
세계지리/생활과윤리/경제/정치와법/세계사/ 물리학I/화학I/생명과학I/지구과학I/ 드로잉/평면조형/프로그래밍(PYTHON)-프로그램	택3
사회·문화/동아시아사/윤리와사상/한국지리/ 물리학II/화학II/생명과학II/지구과학II/ 매체미술·입체조형/정보과학-융합과학탐구	택2

위의 표는 경기지역 B고등학교 학생들이 2~3학년 때 선택해야 하는 과목 중 일부입니다. 그저 단순히 '문과/이과'로 진로를 정한 학생이라면 시간표를 구성할 때 머리가 아플 수밖에 없습니다.

관심사가 과목 선택의 1순위가 되지 못한 학생들은 친구들의 선택을 기웃거리기 시작합니다. 공부를 잘하는 아이들은 주로 어떤 과목을 선택하려고 하는지, 어떤 과목의 수강생이 더 많은지, 어떤 과목이 더 어렵다고 평가받는지를 신경 쓰는 것이지요.

가끔 학생들이 과목을 선택할 때 경쟁자들의 동향을 살피고 학습의 난이도를 고민하는 것을 두고 '전략적으로 올바른 선택'이라고 기꺼워하는 경우가 있습니다. "우리 아이가 철이 들었다."라고 말하는 분들도 계실 정도입니다. 하지만 과연 그럴까요?

서울대를 중심으로 주요 대학들은 속속 비슷한 발표를 하기 시작했습니다. 학생들을 선발하는 데 '어떤 과목을 선택하였는가?'를 필수적, 중점적으로 확인하겠다는 것입니다. 정확하게는 지원한 계열 및 학과에 대한 관심과 이해·준비 정도를 보겠다는 것으로, 고등학교 재학 중 학생이 지원한 학과 공부에 필요한 과목을 선택하여 이수하고 관련 교과목의 성적과 활동 내용은 어떠한지를 보겠다고 공표했습니다.

예를 들어, 건축학과를 희망하는 학생이 수학이나 물리 관련 심화 과목을 충분히 이수하지 않았다면 건축학과를 희망하는 학생이라고 보기 어렵다는 뜻입니다.

전공 관련 교과목 이수 및 성취도
고교 교육과정에서 지원 전공(계열)에 필요한 과목을 수강하고 취득한 학업성취의 수준
· 지원 전공(계열)과 관련된 과목을 어느 정도 이수하였는가? · 지원 전공(계열)과 관련해 스스로 선택하여 수강한 과목은 얼마나 되는가? · 지원 전공(계열)과 관련된 교과 성적이 우수한가?(이수단위, 수강자 수, 원점수, 평균, 표준편차 참고)

사실 학생들에게 과목 선택권이 주어지지 않았을 때는 학생들이 어떤 과목을 이수하였는가는 대입에서 그리 중요한 채점 항목이 아니었습니다. 시간표를 구성하는 것은 학생이 아닌 학교의 결정이기 때문에 아이들이 내 꿈에 필요하다고 특정 교과 관련 수업을 더 많이 듣는 것이 불가능했으니까요.

하지만 이제 아이들은 시간표에 대한 자유가 생겼습니다.

그리고 자유에는 늘 책임이 따르지요. 진로에 대한 확신이나 교과에 대한 흥미가 강한 학생이 '관련 과목이 어렵다고 수강을 피하는 일'은 선택하지 않을 것이니 반대로 '관련 과목을 수강하지 않았다.'는 것은 진로에 대한 확신이나 교과에 대한 흥미가 부족하다고 평가하기 시작한 것입니다.

한때 적성과 흥미는 성공적인 입시를 위해서는 잠깐 한쪽으로 밀어두어야 했던 것들임을 부정할 수 없습니다. 과거에는 성적을 잘 받을수 있는 과목을 위해 좋아하는 것들을 포기해야 하는 일이 비일비재하게 벌어졌지요. 하지만 우리 아이들이 겪고 있는 새로운 학교와 교육은 좀 다릅니다. 적성과 흥미가 곧 성공적인 입시를 위한 첫 번째 단계가 되어 가고 있는 세상입니다.

입시의 첫 시작인 과목 선택의 첫 번째 원칙, '나는 무엇을 배우고싶은가?'를 반드시 기억해야 합니다.

고등학교 입학 전에
진로 탐색을 끝내라

성공적인 입시를 위한 첫 번째 단계가 바로 적성과 흥미, 진로를 찾는 일이라고 앞에서 이야기했습니다. 어떻게 보면 이보다 더 좋을 수는 없는 이야기처럼 느껴질 수도 있습니다. 하지만 단점 없이 완벽하게 장점만 존재하는 일은 찾기 어려울 겁니다.

고교학점제하에서의 과목 선택 역시 마찬가지입니다. 학생들이 각자의 진로와 적성, 흥미를 고려하여 원하는 과목을 직접 선택하여 적극적으로 수업에 임한다면 너무나 좋겠지만 안타깝게도 많은 학생이 과목 선택 시기가 되면 당황해하며 선택을 다른 사람들에게 미루곤 합니다.

이유는 간단합니다. 과목을 선택해야 하는 결정의 시기가 너무 빠르기 때문입니다. 일반적으로 고등학교 1학년 때는 과목을 선택할 것이 거의 없습니다. 따라서 아이들이 본격적인 선택의 시간을 맞이하게 되는 것은 바로 2학년 시간표를 짜는 시점입니다. 그런데 고등학교 2학년 시간표는 언제 선택하게 되는 것일까요?

고등학교에 입학하고 나서 보통 두 달 정도 후 중간고사를 치르게 됩니다. 아이들은 어려워진 난이도, 늘어난 시험 범위에 정신을 차리지 못할 정도인데 내신 시험과 더불어 중학교 때와는 비교도 되지 않을 만큼 다양한 수행평가와 동아리 활동, 진로 활동 등이 몰아칩니다. 그뿐일까요? 학생부 관리를 위해 제출해야 하는 보고서나 발표 준비도 여러 과목에서 동시다발적으로 일어납니다.

그 정신없는 봄에 아이들은 '과목 수요조사'라는 이름의 안내문을 받습니다. 여러 학교에서는 이때 고교학점제 및 과목 선택에 대한 안내를 하고, 우리 학교에 개설하려고 하는 후보 과목들 중에서 학생들의 선호를 확인합니다. 이때 하는 수요조사는 확정이 아니기 때문에 얼마든지 추후 바꿀 수 있다는 안내도 함께 나갑니다.

하지만 간혹 문제가 생기는 경우가 있습니다. 1차 수요조사에서 학생들의 선호가 떨어져 수강 인원이 충분하지 못할 것이라고 예상되는 과목은 2차 수요조사 혹은 수강 예정 과목에서 탈락하여 실제 수강신청 시에는 아예 선택할 수 없는 상황이 종종 생기기 때문입니다.

1학기 말~2학기 초에 시행하는 실제 수요조사에서는 이제 대부분 학교에서 개설할 과목이 확정된 상태에서 각 과목의 수강생들을 살펴 반 구성을 위한 단계의 조사로 이루어집니다. 선생님들이 이제 이 시기부터는 "더 이상 바꾸지 못하니까 신중히 결정하라."고 주의를 주기도 합니다. 물론 아직까지는 수요조사이며 수강신청이 아니기 때문에 원칙적으로는 변경이 가능합니다.

더위가 끝나고 이제 슬슬 서늘해지는 가을이 오면 드디어 본격적인 수강신청이 시작됩니다. 온라인으로 진행하는 경우가 대부분인데 아무리 늦어도 이 시기 전까지는 어떤 과목을 선택하는 것이 좋을지 고민하고 또 고민해야 합니다.

만약 1학년이 끝나지 않은 시기나 2학년이 되었더라도 수강신청을 정정할 수 있는 기회는 있습니다. 다만, 이 경우 꾸지람을 듣거나 상담을 해야 한다는 부담 때문에 정정하고 싶어도 그냥 넘어가기도 하니 정말로 우리 아이가 원하는 시간표이며 교과목인지에 대해 신경을 써야 합니다.

이렇듯 2학년 과목 선택에 대한 고민은 고등학교 1학년 봄부터 시작합니다. 그런데 어떤 과목을 선택할 것이냐를 고민하기 위해서는 전제 조건이 있습니다. 바로 내 목표가 무엇인지를 정리하는 일이지요. 내 목표가 무엇인지에 따라서 내가 어떤 과목을 선택할 것인지 기준을 세울 수 있습니다.

목표는 여러 가지가 될 수 있습니다. 대학이 될 수도 있고, 가능성이 높다고 생각되는 전형 방법이 될 수도 있습니다. 학과가 될 수도 있고 흥미가 될 수도 있겠지요. 어떤 학생은 수시 교과전형을 노리며 최대한 높은 등급을 받을 수 있는 과목으로 세팅을 할 것이고, '정시 파이터'로 처음부터 목표를 잡은 학생이라면 수능 과목을 중심으로 한 시간표를 구성할 것입니다.

하지만 이렇듯 특정 전형을 목표로 잡는다면 플랜B를 세우기가 어렵습니다. '우리 학교는 내신 경쟁이 치열해서 차라리 수능 준비를 하는 것이 나으니 나는 모의고사 준비만 열심히 하겠다.'고 결정한 학생이 만약 모의고사 준비가 생각만큼 잘되지 않았다면요? 내신등급과 비교과 활동이 무너진 상황이니 이 학생은 오도 가도 못하는 처지가 될 겁니다.

또 '발표하고 보고서 쓰는 활동들은 머리 아프니까 내신등급만 챙겨서 교과전형으로 대학을 가겠다.'고 결심한 학생이 내신 성적이 생각만큼 나오지 않았다면요? 희망하는 전공과는 관련도 없이 그저 내신 받기 좋은 과목으로 구성해 둔 과목 이수는 어떤 대학도 탐낼 만한 인재가 아니니 다른 전형을 기대해 볼 수도 없습니다.

그러니 시간표를 구성하는 데 가장 추천하는 목표의 기준은 '관심사'와 '진로'가 되는 것입니다. 관심이 있고 내 진로에도 필요한 과목이라면 재미있게, 또 열심히 공부할 확률이 높으니 성적을 기대해 볼 수 있고, 만약 성적이 기대에 미치지 못한다고 하더라도 성적 외 활동을 통해 학생부종합전형이나 특기자전형 등도 노려 볼 수 있는 기회가 생기는 것이니까요.

그러니 학생들은 고등학교 1학년, 수강신청 전 수요조사 단계에서 어느 정도 내 진로와 적성을 고민하고 결정을 내려야만 합니다. 적어도 내가 희망하는 계열 정도는 정해 두어야 합니다. 그래야 다른 잡다한 유혹에 휘둘리지 않고 정도를 걸을 수 있습니다.

사실 중학생~고등학교 1학년 학생이 미래 계획을 세우고 진로를 치열히 탐색하고 고민하는 과정을 가진다는 것이 그리 쉬운 일은 아닙니다. 하지만 반드시 필요한 일임은 부정할 수 없습니다. 고등학교 입학을 준비하며 선행을 하고 마음가짐을 바로 하고 생활 습관을 바꾸려 노력하는 것처럼 진로를 생각하고 적성을 살피는 일은 힘들다고 미뤄 두어도 되는 성질의 것이 아닙니다. 오히려 선행학습이나 입학 후 생활 계획을 세우는 것보다 훨씬 더 시급한 문제입니다.

과목에 따라
성적 체계가 다르다

교과목을 선택하는 데 있어 진로와 적성을 고려했다고 하더라도 반드시 살펴야 할 부수적인 것들이 존재합니다. 필수는 아니지만 알아 둔다면 입시 과정에서 도움이 될 만한 것들이니 확인을 하는 것이 좋습니다.

먼저, 고등학교 교과목의 성적 표기 방식의 차이입니다.

고교학점제가 완전 시행되는 2009년생 학생들부터는 2~3학년 때 배우는 선택 과목들은 모두 절대평가가 됩니다.

고교학점제 시행 이후 고교 절대평가 과목 성적 기준

원점수	등급
90점 이상 ~	A
80점 이상 ~ 90점 미만	B
70점 이상 ~ 80점 미만	C
60점 이상 ~ 70점 미만	D
40점 이상 ~ 60점 미만	E
40점 미만	I

학생들이 직접 내가 배울 과목을 선택하는 고교학점제의 특징 때문에 일부 과목들은 수강자 숫자가 적을 수밖에 없습니다. 하지만 이런 과목의 경우 전체 인원이 적어 상대평가를 시행하면 다른 과목에 비해 성적 부담감이 높을 수밖에 없겠지요? 그래서 고교학점제와 절대평가는 떼려야 뗄 수 없는 관계가 됩니다.

수행평가와 지필고사를 합쳐 원점수를 기준으로 90점 이상은 A등급, 40점 미만은 I등급으로 나뉩니다. 이때 I등급은 학점을 이수했다고 볼 수 없는 학업 성취로 판단하며 해당 과목의 학점을 수여받지 못하게 됩니다. 하지만 I등급을 받았다고 해서 졸업을 못하는 것은 아니고 추후 성실하게 보충학습에 참여한다면 미이수 등급을 이수 등급으로 바꿔 줍니다.

이때 보충학습은 방과 후와 방학 기간 중 어느 것을 사용하는 것이 더욱 효과적일지 연구 중에 있으며, 온라인 수업도 염두에 두고 있다고 합니다. 학교와 지역에 따라 여러 가지 방법이 병행하여 사용될 것으로 예상됩니다.

여기서 원점수라는 것은 한 학기의 점수를 기준으로 하여 지필고사와 수행평가 등의 점수를 모두 합친 것입니다. 그렇기 때문에 지필고사 점수가 아쉬웠다면 수행평가를 잘 준비하거나, 중간고사를 망쳤다면 기말고사를 절치부심하여 준비한다면 미이수 등급의 불안에서 벗어날 수 있을 것입니다.

문제는 고교학점제 완전 시행 전인 현재 고등학생부터 2008년생까지의 학생들은 좀 더 복잡한 체계의 성적 채점 방식하에 놓인다는 점입니다. 이 학생들은 상대평가와 절대평가 방식이 혼합 사용됩니다.

1학년 때 배우는 과목은 대부분 공통 과목으로 9등급 상대평가가 사용됩니다. 고교학점제 이후와 동일합니다. 하지만 2~3학년 때 배우는 과목들은 좀 나릅니다.

현재 고등학교 2~3학년이 배우는 과목은 크게 일반 선택 과목과 진로 선택 과목, 전문 교과목으로 나뉩니다. 이 중에서 일반 선택 과목은 공통 교과와 마찬가지로 9등급 상대평가 방식으로 채점을 하고, 진로 선택 과목은 3단계 절대평가 방식으로 성적을 나눕니다. 전문 교과목은 특목고에서는 9등급 상대평가 방식으로, 일반고에서 개설될 경우

정치와 법 / 세계지리 / 세계사 / 생활과 윤리	택2
물리학 I / 지구과학 II	택1
고전과 윤리 / 여행지리 / 사회문제탐구	택1
과학사 / 생활과 과학 / 화학 II	택1

에는 3단계 절대평가 방식으로 성적을 매깁니다.

옆 페이지의 표는 경북 지역의 B고등학교에서 학생들이 선택하는 과목의 일부입니다. B고등학교의 학생들은 '물리I'과 '지구과학II' 중 반드시 1개 과목을 선택해야 합니다. 그런데 내 진로는 물리 혹은 지구과학 중 무엇을 해도 상관없다고 해 봅시다. 자, 그러면 무엇을 선택하겠습니까?

이때 도움이 될 수 있는 것이 바로 성적 채점 방식입니다.

'물리I'은 일반 선택 과목 군에 속하는 교과입니다. 즉 9등급 상대평가 과목으로 나 혼자 열심히 공부한다고 해도 같은 과목을 선택한 학생들을 뛰어넘지 못한다면 좋은 평가를 받을 수 없습니다. 실제로 학생들이 느끼는 등급제 과목의 스트레스는 상당한 수준입니다.

반면 '지구과학II'는 진로 선택 과목 군에 속합니다. 3등급 절대평가 과목으로 원점수를 기준으로 했을 때 80점을 넘으면 A등급을 받습니다.

평범한 일반고등학교를 기준으로 진로 선택 과목의 A등급은 못해도 30% 이상이며 시험을 쉽게 출제하는 학교들은 전체 수강생의

현행 고교 절대평가 과목 성적 기준

등급	원점수
A등급	80점 이상
B등급	60점 이상 ~ 80점 미만
C등급	60점 미만

60% 이상이 A등급을 받아 가는 경우도 상당히 많습니다. 학생들이 부담이 적은 이유를 알겠지요?

하지만 무작정 '지구과학II'를 선택할 수는 없습니다. 몇몇 진로 선택 과목은 과목 간의 위계가 존재하고 이 위계를 따르지 못하면 선택이 아예 불가능하거나 선택했다고 하더라도 그리 높은 평가를 받지 못합니다. 즉 '지구과학II'를 선택하고자 하는 학생이라면 전제되어야 하는 조건이 '지구과학I'을 이수했어야 한다는 겁니다.

미적분 / 확률과 통계 / 기하	택1

하지만 위의 표처럼 '미적분', '확률과 통계', '기하' 중 택 1을 해야 하는 경우는 좀 다릅니다.

위의 세 과목 중 '미적분'과 '확률과 통계'는 일반 선택 과목으로 9등급제이지만 '기하'는 진로 선택 과목으로 3단계 절대평가입니다.(주의 : 기하가 3단계 절대평가인 것은 내신으로 출제되었을 때를 말하며, 수능에서 기하는 9등급 상대평가입니다.)

그러나 위 세 과목에서 선행되어야 하는 과목들은 수학I과 수학II로 동일하기 때문에 앞선 지구과학II 이수를 위한 조건과는 조금 다른 상황입니다.

또 사회과제탐구 등의 과목처럼 선수 학습 과목이 특별히 없는 진로 선택 과목들도 존재하므로 각 과목에 대해 미리 알아보고 선택을 해야 합니다.

미리 세우는 내 아이 입시 전략

9등급 상대평가 구분

등급	상위 누적 백분위
1등급	4%
2등급	11%
3등급	23%
4등급	40%
5등급	60%
6등급	77%
7등급	89%
8등급	96%
9등급	100%

원하는 과목이
우리 학교에 없다면?

고등 교과목 선택은 이렇게나 중요합니다. 고등학교 입학을 앞둔 학생들과 학부모님들은 학교 설명회나 홈페이지를 통해 해당 학교에서는 어떤 과목을 배우게 되는지 미리 파악할 수 있습니다.

하지만 미리 찾아보고 준비하려고 했지만 자녀가 듣고자 했던 과목이 우리 지역에 있는 고등학교에서는 개설되지 않을 수도 있고, 1지망 학교에 반드시 갈 수 있으리란 보장도 없습니다. 또 아이가 성장하며 꿈이 바뀌면서 곤란에 빠질 수도 있습니다.

특히 학생 수가 적거나 고등학교 선택의 폭이 좁은 지역에서는 원하는 과목 개설을 1순위로 두고 학교를 선택할 수 없다는 현실적인 문제가 있습니다. 실제로 이런 지역의 학부모님들은 이 문제 때문에 학군지로 이사를 가야 할지 고민하기도 하고, 정보가 없어 아이에게 도움이 될 선택을 도와주지 못했다는 점에서 자책하기도 합니다.

그렇다면 정말 원하는 과목이 우리 학교에 개설되지 않았을 때 다른 방법은 없는 것일까요? 그저 학교가 다르다는 이유로 전국에 있는 경쟁자들을 부러워하는 수밖에 없을까요? 이런 고민을 하는 학생과 학부모님들을 위해 현재 고등학교에서는 '공동교육과정'이라는 제도를 활발하게 사용하고 있습니다. 다만, 지역에 따라 충분한 홍보가 되지 않아서 활용의 편차는 아직 많은 편입니다.

공동교육과정은 말 그대로 '여러 학교가 공동으로 수강생들을 모집하여 교육하는 과정'입니다. 온라인과 오프라인을 모두 사용하는데 주로 오프라인 공동교육과정은 인근에 위치한 고등학교들이 클러스터로 묶여 수강생을 공동으로 모집합니다. 방과 후 저녁 시간이나 주말을 활용하여 해당 수업이 개설되는 학교에 직접 찾아가 여러 학교 학생들과 함께 수업을 받는데 일반 교과 관련 수업보다 실험이나 실습이 필요한 과목이 유리한 형태입니다.

온라인 공동교육과정은 보다 넓은 지역의 학생들을 상대로 합니다. 주로 시/도 교육청이 주체가 되어 수업을 개설하고 운영하기 때문에 오프라인 공동교육과정보다 더 다양한 수업이 개설되곤 합니다. 온라인 수업의 기술적인 한계로 인해 수업의 효과는 오프라인에 비해 조금 떨어질 수 있지만 이동에 대한 부담 없이 수업을 들을 수 있다는 점에서 많은 학생이 선호하는 수업 형태이지요.

공동교육과정은 학생들의 다양한 과목 선택권의 보장을 위해 마련된 만큼 방과 후에 수업을 하고 있지만 '방과 후 수업'은 아닙니다. 흔히 우리가 알고 있는 '방과 후 수업'은 보충 학습의 개념으로 정규 교육과정이 아니고 당연히 학생부에 기록이 되는 것도 아닙니다.

그러나 공동교육과정은 일과 시간에 학교에서 배우는 교과목처럼 정규 교과에 속합니다. 따라서 몇 번 들어보다가 어렵거나 귀찮거나 하는 이유를 대며 수업을 중단할 수 없습니다. 시험도 칩니다.

지필고사를 치는 경우는 잘 없지만 과제를 제출하거나 가벼운 퀴즈를 보거나 하는 형식을 사용합니다. 9등급 상대평가를 하지는 않고 주로 3등급 절대평가 혹은 이수/미이수만 결정하게 됩니다. 즉 시험을 치르기는 하지만 부담감은 내신 시험에 비해 매우 적다고 볼 수 있겠지요. 부담감은 상대적으로 적은 수업이지만 입시에서 효과가 적다고 볼 수는 없습니다.

먼저 공동교육과정을 선택하여 이수했다는 것은 그 자체만으로도 자기주도적 학습 의지와 관련 과목에 대한 관심과 흥미를 드러낼 수 있는 부분입니다. 선택하지 않아도 어떤 불리함이 없음에도 불구하고 학교 수업을 마친 뒤 자발적으로 추가 학습을 진행한 학생들은 대학 입장에서는 플러스 요인이 될 수밖에 없는 것입니다.

또 학생들은 필요한 교과목을 수강하며 자유주제탐구 활동, 발표와 토론 등의 학습 활동을 전개하면서 자신의 역량을 보여 줄 수 있는 추가 자료를 확보할 수 있게 됨으로써 학생부의 대입 미반영 항목이 늘어나는 추세에서 경쟁자 대비 우위에 설 수 있는 발판을 마련할 수 있습니다.

하지만 몇 가지 주의할 점이 있습니다.

첫째는 재학 중인 학교에서 개설되는 교과목은 공동교육과정으로 수강이 불가능하다는 것입니다. 이는 공동교육과정의 취지를 생각하면 쉽게 납득할 수 있습니다만 어떤 학생들에게는 아쉬움이 남을 수밖에 없습니다. 예를 들어, 재학 중인 학교에서 2학년 교양 과목으로 '심리학'과 '프로그래밍' 중 한 과목을 선택해야 하는데 두 과목 모두 배우고자 하는 학생이 학교에서는 '심리학' 수업을 듣고 공동교육과정으로는 '프로그래밍' 수업을 듣고자 하는 계획을 짤 수는 없습니다.

둘째는 과목의 특징과 수업을 진행하는 선생님에 따라 학업 부담이 생각보다 커질 수 있다는 것입니다. '입시에 도움이 된다니까 한 번 해보자.' 정도의 가벼운 마음으로 수업을 신청한 학생들은 학교 수업과 다른 형태의 수업(프로젝트형/동아리형/토론형/과제형 등)을 준비하는 데 있어 애를 먹을 수 있으니 신청 시에는 꼭 수업의 편성표를 확인할 것을 추천합니다.

서울 지역 공동교육과정 중 '역사과제연구' 수업의 편성표

주차	수업 내용
1주	과제연구 계획 수립
2주	역사 학습의 목적
3주	특강 : 역사 글쓰기 방법
4주	특강 : 역사 자료 수집의 중요성
5주	특강 : 미술 작품에 담긴 역사 이야기
6주	과제연구보고서 작성 연습
7주	전국역사학대회 참관 혹은 서울 지역 답사
8주	국제 정치·외교사 1
9주	국제 정치·외교사 2
10주	토론 및 논술 평가
11주	민주주의의 역사
12주	국제 경제사(자본주의의 역사)
13주	과제연구 학생 발표
14주	과제연구 학생 발표
15주	전쟁과 평화의 역사
16주	특강 : 기후 변화와 인류의 미래
17주	예비 역사학자 꿈 찾기 활동

진로가 예체능과 같이 실기가 동반되는 경우에도 공동교육과정은 좋은 대안이 될 수 있습니다. 대전광역시의 공동교육과정에서는 예체능 계열 과목은 물론, 진로와 직업 관련 과목들도 다수 개설하여 실습 위주의 수업을 통해 다양한 진로에 관심을 가지는 학생들에게도 선택권을 보장할 수 있도록 수업을 준비하고 있습니다.

따라서 공동교육과정을 잘 활용한다면 입시는 물론 진로를 찾는 일에도 도움을 받을 수 있습니다.

실습이 동반되는 공동교육과정 수업			
체대 입시반	태권도	미용사 커트 기초반	만화 콘텐츠 활용 실습
드로잉 실습	영상 편집	일식 자격증 실무	영상 촬영 실습
전통 회화의 이해와 실습	동서양 조리	바리스타 자격증 실무	아크릴 일러스트
유도! 엘리트 선수 엿보기	브루잉 커피의 기초	자동차 정비기능사 자격증반	2D 작업 기초반
배드민턴 심화	3D 모델링의 기초	제과기능사 기초반	게임 프로그래밍
스포츠 시네마 천국	3D 캐드를 활용한 메이커 기초	제빵기능사 자격증 취득반	용접 기능사 체험 및 도전반
드로잉 체험반	PLC 제어 및 응용	칵테일 조주	문예 창작 입문
밴드 합주	기초 양식 조리	파이썬을 활용한 게임 개발	문장론
드로잉	기초 한식 조리	네일뷰티아트반	연극 제작 실습
피아노 연주	미용사 이론 기초반	네일아트 국가자격증	입체 조형

※ 대전광역시 너두나두 공동교육과정 중 일부

지역에 따라 대학 연계 공동교육과정을 운영하는 경우도 있습니다. 학생들의 꿈을 지원하기 위해 학교를 넘어 지역사회와 대학도 동참하겠다는 뜻으로 단기 특강형이나 방학을 활용한 수업이 주로 개설됩니다. 학교 수업 등을 통해 특정 교과 군에 관심이 생겼다면 대학 연계 수업을 활용하여 보다 깊이 있는 학습을 해 나갈 수 있습니다.

충남 대학 연계 공동교육과정	전북 대학 연계 공동 교육과정
핵심 간호 실습	생각을 넓히는 경영학 여행
일상 속 놀이로 맛보는 심리 상담	자율주행자 교육
파이썬으로 만드는 이미지 분류 인공지능	영화 속 법률 이야기
기초 천문학(하늘과 바람과 별과 꿈)	과학교육-탄소나노-바이오 진로기초 전공 체험
아무것도 모르고 시작하는 전자공학 첫걸음	유전자 침묵현상의 이해
공연 무대미술 디자인	AI와 소프트웨어 코딩 체험 및 작품 제작
인간행동발달과 자기이해기술	재미있는 반도체 이야기
생활 속 헌법 이야기	해양산업의 이해
예비 사회복지사 되어보기	고교생 한의학
유기 소재 과학	기능성 화장품의 이해
임상병리학과 미생물 배양 실험 실습	유전자 재조합 미생물(GMO) 만들기
마케팅과 광고 입문	박물관과 역사 콘텐츠

이렇듯 공동교육과정은 다양한 수업을 수강할 수 있습니다. 하지만 여전히 많은 학부모님은 걱정이 많습니다. 그중 하나가 혹시 '지역별 차이에 따라 학군지가 아니라면 차이가 있을까?' 하는 점입니다. 하지만 이 점은 걱정하지 않아도 좋습니다.

지역에 따라 편차가 있는 것은 사실이지만 학군지가 아닌 지역의 준비가 미흡하다는 뜻은 아닙니다. 오히려 소수 인원의 학교가 많은 지역이 공동교육과정 준비가 잘되어 있고 과목 다양성도 보장받는 경우가 많습니다.

전국의 모든 지역이 공동교육과정을 운영하고 있으며, 각 지역별 명칭은 다를 수 있습니다. 인터넷에서 해당 명칭을 검색한 뒤 사이트에 접속하여 우리 지역에서는 현재 어떤 과목이 개설되었는지 확인할 수 있으니, 고등학교 입학 전에 아이와 함께 관심이 가는 과목을 골라 보세요. 부모님도 모르던 우리 아이의 현재 관심사를 알아볼 수 있는 시간이 될 수 있습니다.

지역	공동교육과정 명칭
서울	학교 간 협력 교육과정(콜라 캠퍼스)
경기	공동교육과정
인천	꿈두레 공동교육과정
대전	너두나두 공동교육과정
세종	캠퍼스형 공동교육과정
충남	참학력 공동교육과정
충북	공동교육과정
대구	공동교육과정
경북	공동교육과정
부산	고등학교 간/온라인 공동교육과정
울산	울산 우리아이 공동교육과정
경상	경남 참 공동교육과정
광주	학교 간 공동교육과정
전남	공동교육과정
전북	오순도순 공동교육과정
강원	꿈 더하기 공동교육과정
제주	학교 간 공동교육과정

고교학점제 시행 후
고등학교 교과목 변화

2022 개정 교육과정의 발표로 고교학점제 시행 이후(2009년생 이하) 학생들이 배울 고등학교 교과목의 윤곽이 드러났습니다. 일부 내용은 변경될 수 있지만, 앞으로 우리 아이는 어떤 과목을 배우게 될지, 어떤 과목이 필요할지 생각해 보세요. 아이들과 함께 흥미가 있는 과목을 선택해 보는 것도 좋습니다.

교과(군)	공통 과목	선택 과목		
		일반 선택	진로 선택	융합 선택
국어	공통국어1, 공통국어2	화법과 언어, 독서와 작문, 문학	주제 탐구 독서, 문학과 영상, 직무 의사소통	독서토론과 글쓰기, 매체 의사소통, 언어생활 탐구
수학	공통수학1, 공통수학2, 기본수학1, 기본수학2	대수, 미적분I, 확률과 통계	기하, 미적분II, 경제수학, 인공지능수학, 직무수학, 전문 수학, 이산 수학, 고급 기하, 고급 대수, 고급 미적분	수학과 문화, 실용 통계, 수학과제 탐구
영어	공통영어1, 공통영어2, 기본영어1, 기본영어2	영어I, 영어II, 영어 독해와 작문	영미 문학 읽기, 영어 발표와 토론, 심화 영어, 심화 영어 독해와 작문, 직무 영어	실생활 영어 회화, 미디어 영어, 세계 문화와 영어
사회 (역사/도덕 포함)	한국사1, 한국사2, 통합사회1, 통합사회2	세계시민과 지리, 세계사, 사회와 문화, 현대사회와 윤리	한국지리 탐구, 도시의 미래 탐구, 동아시아 역사 기행, 정치, 법과 사회, 경제, 윤리와 사상, 인문학과 윤리, 국제 관계의 이해	여행 지리, 역사로 탐구하는 현대 세계, 사회 문제 탐구, 금융과 경제생활, 윤리문제 탐구, 기후변화와 지속가능한 세계
과학	통합과학1, 통합과학2, 과학탐구실험1, 과학탐구실험2	물리학, 화학, 생명과학, 지구과학	역학과 에너지, 전자기와 양자, 물질과 에너지, 화학반응의 세계, 세포와 물질대사, 생물의 유전, 지구시스템과학, 행성 우주과학, 고급 물리학, 고급 화학, 고급 생명과학, 고급 지구과학, 과학과제 연구	과학의 역사와 문화, 기후변화와 환경생태, 융합과학 탐구, 물리학 실험, 화학 실험, 생명과학 실험, 지구과학 실험

71

체육		체육1, 체육2	운동과 건강, 스포츠 문화, 스포츠 과학, 스포츠 개론, 육상, 체조, 수상 스포츠, 기초 체육 전공 실기, 심화 체육 전공 실기, 고급 체육 전공 실기, 스포츠 경기 체력, 스포츠 경기 기술, 스포츠 경기 분석	스포츠 생활1, 스포츠 생활2, 스포츠 교육, 스포츠 생리의학, 스포츠 행정 및 경영
예술		음악, 미술, 연극	음악 연주와 창작, 음악 감상과 비평, 미술 창작, 미술 감상과 비평, 음악 이론, 음악사, 시창 및 청음, 음악 전공 실기, 합창 및 합주, 음악 공연 실습, 미술 이론, 드로잉, 미술사, 미술 전공 실기, 조형 탐구, 무용의 이해, 무용과 몸, 무용 기초 실기, 무용 전공 실기, 안무, 무용 제작 실습, 무용 감상과 비평, 문예창작의 이해, 문장론, 문학 감상과 비평, 시 창작, 소설 창작, 극 창작, 연극과 몸, 연극과 말, 연기, 무대 미술과 기술, 연극 제작 실습, 연극 감상과 비평, 영화의 이해, 촬영 및 조명, 편집 및 사운드, 영화 제작 실습, 영화 감상과 비평, 사진의 이해, 사진 촬영, 사진 표현 기법, 영상 제작의 이해, 사진 감상과 비평	음악과 미디어, 미술과 매체, 음악과 문화, 미술 매체 탐구, 미술과 사회, 무용과 매체, 문학과 매체, 연극과 삶, 영화와 삶, 사진과 삶

미리 세우는 내 아이 입시 전략

기술가정/ 정보		기술가정, 정보	로봇과 공학세계, 생활 과학 탐구, 인공지능 기초, 데이터 과학, 정보 과학	창의 공학 설계, 지식 재산 일반, 생애 설계와 자립, 아동 발달과 부모, 소프트웨어와 생활
제2외국어/ 한문		독일어, 프랑스어, 스페인어, 중국어, 일본어, 러시아어, 아랍어, 베트남어, 한문	독일어 회화, 프랑스어 회화, 스페인어 회화, 중국어 회화, 일본어 회화, 러시아어 회화, 아랍어 회화, 베트남어 회화, 심화 독일어, 심화 프랑스어, 심화 스페인어, 심화 중국어, 심화 일본어, 심화 러시아어, 심화 아랍어, 심화 베트남어, 한문 고전 읽기	독일어권 문화, 프랑스어권 문화, 스페인어권 문화, 중국 문화, 일본 문화, 러시아 문화, 아랍 문화, 베트남 문화, 언어생활과 한자
교양		진로와 직업, 생태와 환경	인간과 철학, 논리와 사고, 인간과 심리, 교육의 이해, 삶과 종교, 보건	인간과 경제활동, 논술

3장

우리 아이에게 맞는 학교 찾기

특목고,
맞춤형 인재를 위한 학교

고등학교 입학을 둔 초·중등 학부모님들은 자녀에게 맞는 학교는 어디일까 고민에 빠지는 시기를 겪습니다. 예전처럼 어떤 학교를 가든 '내 공부만 잘하면 되는 시대'가 아니기 때문입니다.

학생들의 진로가 다양해졌고 이를 지원하는 교육으로 입시가 개편되었다는 것은 진로에 따라 보다 유리한 학교가 분명 존재한다는 뜻으로 풀이할 수 있습니다. 학교마다 교육과정이 다르고 개설되는 교과목도, 중점적으로 가르치는 수업 방향도 모두 천차만별이기 때문에 학부모님들의 고민이 더욱 깊어집니다.

이번 장에서는 각 학교들의 특징과 교육 과정을 살펴보고 우리 아이가 흥미를 느낄 수 있는 교육과정인지 아닌지를 판단하여 준비할 수 있도록 구성했습니다.

가장 먼저 볼 것은 자사고와 특목고입니다. 보통 공부를 잘하는 중학생들이라면 한 번쯤 자사고와 특목고 진학을 염두에 두곤 합니다. 그런데 자사고와 특목고의 대입 결과는 잘 알지만 막상 어떤 교육과정을 통해 학생들을 가르치는지는 잘 모르는 학부모님이 많습니다.

먼저 특목고부터 살펴보겠습니다. 특목고는 특수목적 고등학교의 줄임말로 말 그대로 특수한 분야의 인재를 양성하기 위한 목적으로 설립된 고등학교를 말합니다.

크게 과학 인재 양성을 위한 과학고, 외국어 인재 양성을 위한 외국어고, 국제적 인재 양성을 위한 국제고와 예술 계열의 고등학교, 마지막으로 산업 수요에 맞춘 장인 양성을 위한 마이스터 고등학교가 있습니다.

특목고는 특정 분야의 인재 양성이라는 확실한 설립 취지가 존재하기 때문에 교육과정도 일반 고등학교와는 매우 다를 수밖에 없습니다.

고등학교 교육과정을 이해하기 위해서는 '단위 수'의 개념에 대해 정리를 해야 합니다. 이 '단위'라는 개념은 고교학점제 완전 시행 이후에는 '학점'으로 치환되어 사용하기 때문에 꼭 기억해 주세요.

'단위'란 1주일에 해당 수업이 몇 번 들었는지를 알려 주는 지표입니다. 즉 7교시 수업을 주 3회, 6교시 수업을 주 2회를 하는 학기라면 이 학기에 학생이 이수한 단위의 총합은 $(7 \times 3) + (6 \times 2) = 33$ 단위가 되는 것입니다. 같은 의미에서 만약 우리 아이가 '영미문학 읽기' 수업을

주 3회 들었다면 해당 수업의 이수 단위는 3단위가 됩니다.

현재 일반 고등학교에서 졸업을 하기 위해서는 총 204점의 단위를 이수해야 합니다. 수업으로만 채우는 것은 아니고, 자율 활동이나 동아리 활동 등 창의적 체험 활동 시수도 모두 포함하게 됩니다. 졸업을 위해 필요한 일반 고등학교의 이수 단위 표는 다음과 같습니다.

교과(군)	공통 과목(단위)	필수 이수 단위	자율 편성 단위	창의적 체험 활동 단위
국어	국어(8)	10		
수학	수학(8)	10		
영어	영어(8)	10		
한국사	한국사(6)	6		
사회 (역사/도덕 포함)	통합사회(8)	10	86	24
과학	통합과학(8) 과학탐구실험(2)	12		
체육	-	10		
예술	-	10		
생활/교양	-	16		
소계		94	86	24
총합		204		

위의 표에서 '공통 과목'이란 학생들이 필수적으로 이수해야 하는 과목들을 말하며 보통 1학년 때 개설됩니다. 공통 과목을 이수해야 한다는 점 때문에 대부분의 고등학교 1학년 학생들은 학교가 달라도 배우는 교과 과목과 과정이 모두 비슷합니다.

자, 국어를 먼저 보겠습니다. 국어의 필수 이수 단위는 '10단위'입니다. 하지만 필수적으로 배워야 하는 '국어' 교과 단위는 8단위로 2단위가 부족한 것이 보이나요? 이 때문에 2~3학년 때 학생들은 최소 국어 교과에서 2단위 이상의 국어 수업을 선택해야만 합니다. 어렵지 않지요?

이렇듯 각 교과 군별 필수 이수 단위를 모두 이수하면 94단위가 되고, 창의적 체험 활동(자율/진로/동아리/봉사) 시간이 학교마다 최소 24단위의 시간이 있기 때문에 남은 86단위는 자율 편성 과목을 통해 채우게 됩니다.

자율 편성 과목은 일반 선택, 진로 선택, 전문 교과 과목을 모두 편성할 수 있는데 대부분의 일반 고등학교는 전문 교과 대신 일반 선택 및 진로 선택 과목을 개설하곤 합니다. 자율 편성 과목은 모두 학생들에게 자유 선택권을 주는 것은 아니고 학교 지정 과목과 학생 선택 과목으로 다시 구분됩니다. 학교 지정 과목은 대부분 여러 과목을 골고루 배치하기 때문에 일반 고등학교에 다니는 학생들이 교과 과목의 특별한 편중 없이 다양한 과목을 배울 수 있는 것이지요.

그렇다면 특목고는 어떨까요? 많은 학부모님이 특목고 학생들은 일반고 학생보다 오히려 과목 선택에서 자유가 더 다양할 것이라고 생각하는 경우가 많습니다. 그러나 현실은 다릅니다. 아이러니하게도 특목고 학생들은 평균적으로 명문 일반 고등학교 학생들과 비교했을 때 과목 선택이 더 한정적입니다.

이유는 간단합니다. 특목고 학생들은 이미 진로 목표가 명확하게 정해져 있기 때문입니다. 일반 고등학교 학생들이 다양한 선택 과목을 통해 진로를 탐색하는 계기를 얻는 반면, 특목고 학생들은 고등학교 입시를 치르면서 이미 과학, 외국어, 국제, 산업 계열로의 진로를 굳건히 한 상태라는 것이지요. 과학고등학교에 입학한 학생들이 다양한 사회, 외국어 계열 학습을 선택할 이유가 없다는 것이고, 외국어고등학교에 입학한 학생들이 굳이 수학이나 과학 계열 심화 학습을 하지 않는 것과 동일한 뜻입니다.

현실적인 문제가 하나 더 있습니다. 특수목적 고등학교는 전문 교과 과목 군을 반드시 이수해야 한다는 특징을 가지고 있기 때문에 다양한 과목 선택권을 주기가 어렵습니다. 과학고등학교 학생들은 수학과 과학 관련 전문 교과를 72단위 이상 이수해야만 하고, 예고 역시 마찬가지입니다.

또 외국어고등학교는 전공 관련 전문 교과를 72단위 이상 이수하는 동시에 전공 외국어를 전체의 60% 이상 이수해야 합니다. 국제고등학교 역시 72단위 이상의 전문 교과를 이수하는 동시에 국제 계열 과목을 50% 이상 편성해야만 합니다. 단, 최근 발표에 따르면 앞으로 외국어고등학교는 외국어 관련 과목 이수를 72단위에서 감소할 수 있게 되므로 보다 유연한 교육과정 편성이 가능할 것으로 기대되고 있습니다. 특성화고는 보통 교과(일반 선택 과목+진로 선택 과목)를 66단위 이상, 전문 교과II(산업 수요 맞춤 과목)를 86단위 이상 이수해야 합니다.

정리하자면, 일반 고등학교는 고등학교를 졸업하기 위해 총 180단위의 수업을 이수해야 하는데 이 중 학교별 자율 편성 단위는 86단위입니다. 이 자율 편성 86단위 중 대다수는 보통 교과인 일반 선택과 진로 선택 과목에 속하는 교과가 개설되고 전문 교과 군에 속한 과목들은 거의 개설되지 않습니다.

하지만 특목고는 자율 편성 86단위 수업 중 전문 교과 과목을 최소 72단위 이상 이수해야 하기 때문에 일반 고등학교와 비교했을 때 전공 관련 심화 과목을 매우 높은 비율로 수업한다는 뜻입니다. 이해를 돕기 위하여 A과학고등학교의 교육과정 편제를 수록했습니다. 단, 교육과정은 매년 바뀔 수 있기 때문에 이 표를 선행 학습의 근거로 삼는 것은 추천하지 않습니다.

과학고등학교에서는 어떤 과목을 얼마나 배우고 있는지를 중심으로 확인하고 자녀가 해당 커리큘럼에 흥미를 느끼는지 파악하는 것이 좋습니다. 전문 교과에 속하는 과목들은 붉은 색으로 표시했으며 평범한 일반 고등학교에서는 전문 교과에 속하는 과목이 보통 1~2개 정도 개설되는 것을 참고하면 판단에 도움이 될 것입니다. 또 특목고에서 전문 교과가 개설되면 일반 고등학교와 달리 9등급 상대평가 과목이 된다는 점도 명심하세요.

평균적인 수준의 일반 고등학교에서 학생들이 전문 교과 과목을 1~2개 정도 이수한다는 것을 봤을 때 최대 19개 과목의 전문 교과를

미리 세우는 내 아이 입시 전략

A과학고등학교 교육 과목 편제(붉은색 과목은 전문 교과)

학기	과목	학기	과목
1학년 1학기	국어 수학 영어 통합사회 통합과학 물리학I 화학I 체육 음악 정보	1학년 2학기	국어 수학II 영어 통합사회 생명과학I 물리학II 화학II 지구과학II 체육 음악 정보 심화수학I
2학년 1학기	문학 미적분 확률과 통계 경제 운동과 건강 음악 인공지능과 미래사회 고급 물리학 고급 화학 고급 생명과학 고급 지구과학	2학년 2학기	독서 영어II 한국사 경제 운동과 건강 인공지능과 미래사회 심화수학II 고급 물리학 고급 화학 고급 생명과학 고급 지구과학
3학년 1학기	독서 한국사 스포츠 생활 AP 미적분학I	3학년 2학기	한국사 미술 창작 고급수학I
	심화영어 독해I / 심화 영어I — 택1		고전읽기 / 심화국어 — 택1
	중국어I / 일본어I / 논술 — 택1		심화 영어 독해I / 심화 영어I — 택1
			AP 일반 물리I / AP 일반 화학I / 일반생물학(AP) — 택2

3학년 1학기	물리학 실험 화학 실험 생명과학 실험 지구과학 실험	택 3	3학년 2학기	일반 지구과학 정보과학	택 1

선택하여 공부하는 과학고 학생들의 커리큘럼을 보면 정말 수학과 과학을 3년간 치열하게 공부한다는 것이 느껴지나요?

바로 이 점이 특목고 학생들의 입시 실적을 높이는 첫 번째 이유입니다. 물론 특목고 학생들은 선발 시험을 치르며 우수한 학생들이 모였다는 점도 간과할 수 없지만, 대학의 입장에서 봤을 때 특목고 학생들은 너무나 매력적인 전공 관련 인재라고 여길 수밖에 없는 고교 3년을 보낸 것입니다.

사실 특목고의 교육과정을 살펴보면 절대로 수능(정시)에 유리한 커리큘럼이 아닙니다. 심화 과목을 들으면서 일부 도움을 받기야 했겠지만 이과 계열 지원자가 수능에서 일반적으로 선택하는 과목들을 아예 배우지 않는 경우도 있고(화법과 작문/언어와 매체/화학I/지구과학I) 수능 직접 출제 과목을 배운다고 하더라도 대부분 1학년 때 배우고 끝나기 때문에 수능에 집중할 수 있는 여건이라고 볼 수는 없습니다. 따라서 학교를 선택할 때 이 점도 반드시 고려해야 합니다.

영재학교는 특목고일까?

과학고와 영재학교를 함께 묶어서 이야기를 하는 경우가 많습니다. 두 학교 모두 이과 계통에 관심이 많은 학생들이 지원을 하고 목표로 삼는 학교이기 때문입니다. 하지만 영재교육진흥법에 따라 설립된 영재학교는 정확하게는 특목고가 아닐뿐더러 애초에 고등학교도 아닙니다. 졸업 후 고등학교 학력을 인정받기 때문에 고등학교처럼 이야기되기는 하지만 원칙적으로는 중학교 1학년부터 타 고등학교의 1학년까지도 지원이 가능하고 180학점 이상을 이수한다면 6학기를 채우지 않아도 졸업할 수 있는 무학년제 학점제 교육을 받게 됩니다.

여러 과학고등학교가 영재학교로 전환되면서 이름을 그대로 유지하여 얼핏 보기에는 과학고이지만 사실은 영재학교인 경우가 많은데 커리큘럼이 다르기 때문에 주의해야 합니다. 과학고가 고등학교에 가깝다면 영재학교는 대학과 유사한 점이 많다는 것도 특징입니다.

전국 8개 영재학교 리스트

· 한국과학영재학교

· 서울과학고등학교

· 경기과학고등학교

· 광주과학고등하교

· 대전과학고등학교

- 대구과학고등학교

- 세종과학예술영재학교

- 인천과학예술영재학교

미리 세우는 내 아이 입시 전략

자사고,
사실은 일반고라고?

자사고의 정확한 명칭은 자율형 사립 고등학교로, 교육법상 엄밀히 따지면 특목고가 아닌 일반 고등학교입니다. 하지만 학교 운영의 자율권을 가지고 있어 학생을 선발할 수 있다는 점이 일반 고등학교와 가장 다른 점입니다.

즉 자사고는 특목고처럼 학생 선발권을 가지지만 특정 분야에 집중적인 교육을 하는 것은 아니라고 요약할 수 있습니다. 그렇기 때문에 학습 의욕이 높고 비교적 면학 분위기가 잘 조성되어 있는 곳에서 치열하게 공부하고자 하지만 아직 뚜렷한 진로가 정해진 것은 아니거나 특정 과목 군만 집중적으로 배우는 것은 선호하지 않는 학생들에게 알맞은 학교인 것이지요.

자사고는 전국 단위 신입생 선발을 하는 전국 단위 자사고와 지역별 신입생 선발을 하는 광역 단위 자사고로 나뉘는데 당연히 학생 선발의 폭이 넓은 전국 단위 자사고의 인기가 더 높은 편이고 평균적인 입시 실적도 더 좋습니다.

학기	과목		학기	과목	
1학년 1학기	국어 수학 영어 한국사 통합사회 통합과학 과학사 체육 음악 미술 정보 한문I 철학		1학년 2학기	국어 수학 영어 한국사 통합사회 통합과학 과학탐구실험 체육 음악 미술 정보 한문I 철학	
2학년 1학기	문학 수학I 영어I 운동과 건강 음악 미술 프로그래밍		2학년 2학기	독서 영어II 운동과 건강 음악 미술 프로그래밍	
	수학II 한국지리 세계사 정치와 법 경제 한국사회의 이해	택 3		수학II 확률과 통계 미적분 기하 인공지능수학 진로영어	택 2

	물리학I 화학I 생명과학I 지구과학I 인공지능기초			사회문화 동아시아사 세계지리 윤리와 사상 여행지리 사회문제탐구 국제정치 국제경제 물리학I 지구과학I 물리학II 화학II 생명과학II 지구과학II 인공지능과 미래사회	
	중국어 일본어	택1		중국어 일본어	택1
	체육탐구			체육탐구	
3학년 1학기	언어와 매체 화법과 작문 확률과 통계 기하 미적분 경제수학 수학과제탐구 심화 수학I 고급 수학I 심화 영어I 심화 영어독해I	택4	3학년 2학기	심화 국어 고전읽기 심화 수학I 심화 수학II 심화 영어I 심화 영어II 심화 영어독해II	택3
	생활과 윤리 여행지리 비교문화 사회과제연구 세계문제와 미래사회 국제정치 국제경제	택3		여행지리 고전과 윤리 현대세계의 변화 국제관계와 국제기구 생활과 과학 융합과학 생태와 환경	택4

물리학II 화학II 지구과학II 고급 물리학 고급 화학 고급 생명과학 고급 지구과학 과학과제연구 데이터과학과머신러닝	택 3		과학과제연구 문학개론 빅데이터 분석	택 4

위의 표는 광역 단위 자사고 중 한 곳의 교육과정 편제입니다. 앞선 과학고와 비교했을 때 국어, 영어, 사회 과목 중 선택할 수 있는 과목 숫자가 매우 늘어난 것을 확인할 수 있습니다. 선택 과목의 자유가 특목고보다 늘어난 것도 함께 볼 수 있는데, 이는 다양한 진로를 목표로 하는 학생들이 모여 있는 학교의 특성상 특정 분야에 한정된 과목으로 집중하는 대신 다양한 신택을 할 수 있도록 배려한 것으로 볼 수도 있겠습니다.

또 하나 더 특징적인 것은 2~3학년에 걸쳐 수능 직접 출제 과목들이 대부분 편성되어 있고 3학년 1학기 과목은 거의 모든 과목이 절대평가인 진로 선택 과목과 전문 교과 과목이라는 점입니다. 즉 많은 자사고는 고3이 되었을 때 수능에 집중할 수 있는 환경을 마련해 주기 위하여 대부분의 수능 과목은 3학년이 되기 전인 2학년 2학기까지 진도를 마치고 3학년 때는 내신 부담이 덜한 절대평가 과목을 집중 편성함으로써 입시에 보다 유리한 환경을 만듭니다.

이와 같은 학교 교육과정 덕분에 상당수 자사고 학생들은 재수생들과 비교해도 그리 부족하지 않은 학습 시간을 확보할 수 있게 되어 정시(수능)에서도 좋은 결과를 내곤 합니다.

물론 자사고가 수능에만 유리한 것은 아닙니다. 수시 종합전형 역시 유리한 측면이 많습니다. 내신등급의 확보는 일반 고등학교에 비해 까다로운 것이 분명하지만 평균적으로 우수한 학생들이 몰려 있기 때문에 전반적인 비교과 활동의 수준이 높고 선생님들이나 선배들의 도움도 활발히 받을 수 있는 환경이 조성되어 있습니다.

다만, 대부분의 학생이 학업에 대한 열의가 넘치는 만큼 내신 관리가 어려워서 교과전형은 준비하기가 매우 어렵습니다.

과학중점학교
바로 알기

특목고와 자사고는 경쟁이 지나치게 힘들고 준비 과정이 어렵다고 느껴져 일반고 중에서 과학중점학교를 목표로 하는 학생이 많아지는 추세입니다. 이과 강세가 반짝하는 트렌드가 아니라 꾸준한 흐름이 되면서 예전에는 생소하게 느껴졌던 과학중점학교, 줄여서 과중고를 고민하는 경우가 많아졌습니다.

과학중점학교는 과학고는 아니지만 수학과 과학을 중심으로 수업을 진행하는 학교이며 과학중점학교 안에서도 일반 이과반과 과학중점반으로 나뉘기도 합니다. 과학고는 전체 수업 중 약 60%가 수학과 과학 관련 교과로 구성되고, 일반 고등학교는 약 30% 정도, 과중고는 전체 교과의 45%가 수학과 과학 교과입니다.

1학년	2학년	3학년	
통합과학 과학탐구실험 수학	수학I 수학II 물리학I 화학I 생명과학I 지구과학I 과학과제연구 정보	융합과학	필수
		물리학II 화학II 생명과학II 지구과학II	택 3 이상
		확률과 통계 미적분 기하	택 2 이상

위의 표는 실제 과학중점학교의 교육과정 중 수학/과학/정보 과목만 발췌한 것입니다. 해당 학교 학생들은 고등학교 3년간 최소 11개의 과학 과목을 이수해야 하는 것이 보이나요? 대부분의 과학중점 고등학교는 물리학·화학·생명과학·지구과학I 4과목을 모두 배우고 물리학·화학·생명과학·지구과학II 과목도 3개 이상 이수하는 것이 보통입니다.

과중고 중에서도 특히 교육과정이 보다 밀도 있게 짜인 곳은 심지어 물·화·생·지I, 물·화·생·지II, 물·화·생·지 실험, 고급 물·화·생·지까지 모두 16개 과목 이상의 과학 과목을 개설하고 그중에서 선택하는 것으로 전문 교과 과목 수준까지 학습을 진행하기도 하지요.

동시에 과학중점 고등학교는 매년 50시간 이상 수학과 과학 관련 체험 활동도 학생들에게 제공해야 합니다. 일반적으로 체험 활동은 과학/수학 캠프, 견학, 특강 및 학생들이 주도적으로 참여하는 연구 활동(프로젝트 실험/관찰 활동) 등으로 이루어지는데 일반 고등학교이지만 다양한 관련 활동을 진행할 수 있는 여건이 마련되면서 자연스럽게 학생부 역시 수학과 과학 관련하여 수준 높은 기록으로 채울 수 있는 여지가 많습니다. 그렇기 때문에 과중고 학생들은 주로 수시 종합전형에서 보다 유리하다고 평가받습니다.

하지만 단점도 있습니다. 수학과 과학 관련 시수가 많다 보니 공부해야 하는 양이 상대적으로 많고, 상위권 학생들이 몰려 내신 관리가 어려운 편입니다. 수학과 과학 시수가 늘어나다 보니 일반고 학생들에 비해 비교적 인문학적 소양을 기를 기회가 적다는 것도 문제입니다. 갈수록 융·복합형 인재가 각광받는 상황에서 인문사회적 역량은 교과 외 다른 부분에서 보여 주어야만 하는 부담이 있는 것이지요.

그런데 과중고에 대해 이야기를 하다 보면 이과 계열이 아닌 진로를 생각하고 있는 학생들은 불만이 나올 수밖에 없습니다. 문과 계열 과목들이 어쩐지 소외를 받는 것 같은 기분이 들어 서운하기도 하고 심란하기도 한 것입니다. 그렇다면 정말로 교과특성화(중점) 고등학교는 이과 계통의 과학중점 고등학교밖에 없는 것일까요?

그렇지 않습니다. 교과특성화(중점) 중 가장 유명한 것이 과중고인 것이고, 실제로 과학중점 과정이 아닌 다른 중점 과정을 선택하고 교육하는 학교들도 있습니다.

교과특성화 과정은 크게 3가지로 구분됩니다.

첫째, 우리가 잘 아는 과학중점 고등학교

둘째, 예술중점 고등학교

셋째, 교과특성화 고등학교

교과특성화 고등학교는 교과중점 과정에서 명칭이 바뀌었는데 특성화 고등학교와는 다른 과정이기 때문에 헷갈리지 않도록 주의가 필요합니다. 다만, 예술중점고와 교과특성화고는 일반고에 비해 다양한 심화 과목을 개설하고 과정에 맞는 특별 프로그램을 운영하기는 하지만 과중고와 달리 교과목 이수 단위가 정해진 것은 아닙니다.

그러므로 국제화, 사회, 인문학 융합, 예술, 외국어 과정 등 교과특성화 고등학교는 해당 계열의 과목을 전문적으로 배울 것이라는 기대를 안고 진학을 결정하기보다는 비교과적 이익이 일반고에 비해서는 좀 더 나은 편이라는 정도로 인식하는 것이 좋습니다.

특성화고 VS
마이스터고

아이들의 진로가 다양해지고 더 이상 공부만이 최종 목표가 아니라는 생각을 가진 학부모들이 늘어나면서 취업을 목표로 하는 고등학교에 대한 관심도 갈수록 늘어나는 추세입니다. 하지만 부모님 세대 때 이야기하던 '실업계'는 이제 특성화 고등학교와 마이스터 고등학교로 이등분되었습니다. 학교에 따라 분명한 차이가 존재하기 때문에 두 학교의 특성을 명확하게 구분해야 합니다.

특성화고와 마이스터고는 모두 대학 진학이 아닌 산업 현장에 바로 적응할 수 있는 인재를 양성하기 위한다는 목표라는 점에서는 동일하지만 세부 내용은 차이가 있습니다.

우선 특성화고는 특정 분야에 관심이 있는 학생들에게 해당 분야의

미리 세우는 내 아이 입시 전략

교육과 실습 등의 교육을 제공하는 학교로 이전의 실업계와 비슷합니다. 반면, 마이스터고는 특정 산업 분야와 연계하여 전문적 교육을 하는 특수목적 고등학교로 각 분야별 마이스터(장인)를 양성하기 위해 설립되었으며, 정확한 명칭은 '산업수요 맞춤형 고등학교'입니다.

꽤 비슷하죠? 설립 취지가 꽤 비슷해 보일 수도 있지만 주목해야 할 것은 이 부분입니다.

설립 취지	
특성화고	해당 분야에 관심 있는 학생에게 전문적 교육을 제공한다.
마이스터고	특정 분야의 마이스터를 양성하기 위해 전문적 교육을 제공한다.

차이점은 '관심이 있느냐?'와 '장인을 목표로 하느냐?'입니다. 당연히 해당 분야의 장인을 목표로 하는 것이 훨씬 더 강력한 목표라는 걸 알 수 있을 거예요. 이 차이점 때문에 나라에서 지원하는 지원금도 마이스터고가 훨씬 더 많아서 기본적으로 학비는 전액 국가 지원금으로 운영됩니다.

그렇다면 입시에서 핵심이 되는 대학 진학은 어떨까요?

간혹 "마이스터 고등학교는 대학 진학이 불가능하다."라고 하는 사람들도 있습니다. 하지만 법적으로 막혀 있는 것은 아닙니다. '현실적인 여건상 매우 어렵다.' 정도로 이해하면 됩니다.

특성화 고등학교 학생들은 일반적으로 대학 진학을 준비할 때, '특성화고 특별전형'을 이용합니다. 수시, 정시에서 모두 해당 전형이 존재하는데(대학별로 다름) 이 전형에 지원할 수 있는 학생들은 오직 특성화고 학생들뿐입니다. 당연히 대다수의 특성화고 학생은 대학 진학을 희망할 때 해당 전형을 준비하게 됩니다.

하지만 마이스터 고등학교 학생들은 진학이 설립 취지에 어긋나기 때문에 특별전형 지원이 불가능합니다. 그렇다고 해서 대학 진학이 완전히 불가능한 것은 아닙니다. 특성화고 전형이 아닌 일반 수시/정시 전형 지원은 마이스터고 학생들도 지원할 수 있습니다.

다만, 일반고/자사고/특목고 학생들과 경쟁하기 쉬운 구조는 아닙니다. 진학을 목표로 하는 일반고/자사고/특목고와 달리 일반적으로 입시에 필요한 과목을 충분히 배우지 않는 학교가 많고, 심지어 수능 필수 과목도 다 배우지 않는 경우도 꽤 많습니다. 당연히 학생부 역시 진학에 필요한 부분과는 조금 다른 내용으로 채워지지요.

때문에 대학 진학을 원하는 마이스터 고등학교 학생들은 재직자 특별전형을 활용하는데, 이 전형은 취업 후 36개월이 지나야 지원이 가능하기 때문에 고등학교 졸업과 동시에 대학에 진학하는 것은 사실상 어렵습니다.

보다 이해가 쉽도록 마이스터고와 특성화고의 교과목 편재를 함께 살펴보겠습니다.

공군항공과학고등학교

항공기술 분야 마이스터를 길러 내기 위한 목적으로 설립되었으며, 공군 소속으로 공군기술부사관을 양성합니다. 마이스터 고등학교 중 항공기술 분야 장인을 양성하기 위한 공군항공과학고등학교의 항공기계과 학생들은 다음 과목들을 배우게 됩니다.

항공기계과 교육과정

	1학년	2학년	3학년
기초 교과	국어, 수학, 영어, 한국사	국어, 문학, 영어I, 영어회화, 한국사, 미적분	문학, 수학과제탐구, 영어II
탐구 교과	통합사회, 통합과학	물리학I	-
체육/예술 교과	운동과 건강, 미술	체육, 운동과 건강, 음악	체육, 운동과 건강
생활교양 교과	논술, 심리학, 진로와 직업	-	실용경제, 논술
전문 교과	공업기술, 정보처리와 관리, 정보, 항공기일반, 항공기 기체 정비	항공기 기체 정비, 항공기 정비 관리, 항공기 왕복 엔진정비, 항공기 전기전자 장비 정비, 기계제도, 역학, 항공기계 통정비	항공기 기체 정비, 항공기 전기전자 장비 정비, 항공기 가스터빈 엔진 정비, 역학, 항공기술영어

항공기술 분야의 전문 교과들이 매우 높은 비율이지요? 일반적으로 고등학생들이 배우는 국·영·수·사·과 대신 기체 정비, 역학 등의 산업 맞춤형 과목들이 주가 된다는 것을 바로 확인할 수 있습니다. 일반적인 입시에서 마이스터고 학생들이 불리한 이유는 바로 이것 때문입

니다. 문학, 한국사, 미적분, 물리학I과 같이 붉은색으로 표시된 과목
들은 수능 과목인데 그 수가 매우 적습니다.

수능 출제 과목

국어	**공통 과목**	독서, 문학
	선택 과목(택 1)	언어와 매체, 화법과 작문
영어		영어I, 영어II
수학	**공통 과목**	수학I, 수학II
	선택 과목(택 1)	확률과 통계, 미적분, 기하
탐구 **(두 과목 선택)**	**사회탐구**	생활과 윤리, 윤리와 사상, 한국지리, 세계지리, 동아시아사, 세계사, 경제, 정치와 법, 사회문화
	과학탐구	물리학I, 물리학II, 화학I, 화학II, 생명과학I, 생명과학II, 지구과학I, 지구과학II
	직업탐구	농업 기초 기술, 공업 일반, 상업 경제, 수산 해운 산업 기초, 인간 발달, 성공적인 직업 생활
한국사		한국사 전 범위

위의 표는 수능 출제 과목들인데 이 중에서 공군항공과학고에서 가
르치는 과목들은 매우 소수인 것이 보이나요?

특성화고 전형도 쓸 수 없고, 일반 수시 종합전형이나 교과전형도
쓰기 어려운데 정시(수능) 준비마저 녹록지 않은 상황임이 보일 겁니
다. 그러니 진학과 취업 사이에서 고민을 하는 학생이라면 마이스터
고등학교는 가벼운 마음으로 추천해서는 안 됩니다. 정말로 자신이
그 분야에 관심이 있고 적성이 맞을지 치열한 고민의 과정을 겪어야
합니다.

취업률이나 전망 같은 건 부차적인 문제입니다. 가장 중요한 것은 자신의 선택을 후회하지 않고 즐거운 고등학교 생활을 하는 것이라는 걸 잊지 마세요.

하지만 반대로 특성화 고등학교 중에는 '대학 진학률이 높다.'라고 소문이 난 학교들이 꽤 있습니다. 심지어 어지간한 지역 명문 고등학교보다 더 많은 명문대 합격생을 배출하는 학교들도 있습니다. 입시에서 특성화고 전형을 준비하거나, 실기전형을 준비하면서 동시에 수능까지 한꺼번에 대비를 하는 몇몇 특성화고는 학교 교육과정을 통해서 진로와 진학이라는 두 마리 토끼를 모두 잡는 것이 가능합니다.

단국대학교부속 소프트웨어고등학교

소프트웨어 전문가를 육성하기 위해 설립된 대학 진학 중심의 특성화 고등학교입니다.

특성화 고등학교이지만 취업보다는 진학을 중심으로 인재를 양성하고자 하는 단대소프트고는 교육과정만 살펴보아도 이전 마이스터 고등학교의 편재와는 꽤 다른 양상이라는 것을 확인할 수 있습니다. 전문 교과가 다수 개설되어 가르친다는 것은 동일하지만 수능을 준비하기에도 별로 무리가 없는 커리큘럼을 꾸리고 있지요.

여기서 주목해야 할 것은 수능에서 사회탐구나 과학탐구 대신 직업

인공지능 소프트웨어과 교육과정

	1학년	2학년	3학년
기초 교과	국어, 수학, 영어, 한국사	문학, 수학I, 수학II, 영어I, 영어II	독서, 미적분
탐구 교과	통합사회, 통합과학	물리학I	-
체육/예술 교과	체육, 음악	스포츠생활, 음악	스포츠생활
생활교양 교과	-	-	비즈니스 영어, 논술
전문 교과	컴퓨터시스템일반, 인공지능과 피지컬컴퓨팅	데이터과학과 머신러닝, 빅데이터 분석, 컴퓨터 구조, 컴퓨터 네트워크, 자료구조, 알고리즘	성공적인 직업생활, 자동화설비, 인공지능수학, 공업일반, 응용프로그래밍 개발, 시스템 프로그래밍, 실무국어
	(택 2) 프로그래밍, 데이터베이스프로그래밍, 프로그래밍(JAVA), 프로그래밍(PYTHON), 리눅스프로그래밍, 웹 프로그래밍 실무	(택 2) 프로그래밍, 데이터베이스프로그래밍, 프로그래밍(JAVA), 프로그래밍(PYTHON), 리눅스프로그래밍, 웹 프로그래밍 실무	(택 2) 프로그래밍, 데이터베이스프로그래밍, 프로그래밍(JAVA), 프로그래밍(PYTHON), 리눅스프로그래밍, 웹 프로그래밍 실무

탐구를 두 과목 모두 선택할 수 있도록 '성공적인 직업생활'과 '공업일반'을 가르치고 있다는 점입니다. 전국의 모든 특성화고 학생들이 수능에서 선택하는 과목이라 평균 대비 내 위치를 나타내는 '표준점수'에서 사회탐구나 과학탐구를 선택한 일반고 학생들에 비해 더 높은 위치를 차지할 수 있어 전략적으로도 꽤 좋은 선택이 될 수 있습니다.

때문에 몇몇 학부모님은 "특성화고에 진학해서 내신 관리만 열심히 하면 좋은 대학에 쉽게 가지 않을까요?"라는 질문을 던지기도 합니다.

결론적으로 말하자면 대학 진학을 일반고보다 좀 더 쉽게 할 수 있

수능 출제 과목

국어	공통 : 독서, 문학 선택 : 언어와 매체, 화법과 작문 (택 1)
영어	영어I, 영어II
수학	공통 : 수학I, 수학II 선택 : 확률과 통계, 미적분, 기하 (택 1)
탐구 **(택 2)**	**사회**	생활과 윤리, 윤리와 사상, 한국지리, 세계지리, 동아시아사, 세계사, 경제, 정치와 법, 사회문화
	과학	물리학I, 물리학II, 화학I, 화학II, 생명과학I, 생명과학II, 지구과학I, 지구과학II
	직업	성공적인 직업생활, 농업기초기술, 공업일반, 상업경제, 수산·해운산업기초, 인간발달
한국사	한국사 전 범위

을 것 같다는 믿음으로 특성화 고등학교에 지원하는 것은 말리고 싶습니다. 특성화고 특별전형은 모든 대학, 모든 학과에서 신입생을 선발하는 것이 아니라서 일반고 대입과 비교했을 때 훨씬 더 높은 경쟁률과 내신 성적을 요구하기 때문이지요.

다음은 2023년 수도권 주요 대학 특성화고 특별전형(수시) 모집인원입니다. 판단은 독자들의 몫으로 두겠습니다.

2023년 수도권 주요 대학 특성화고 전형 모집인원 표

대학	모집인원	대학	모집인원
가천대	45	서울대	4
가톨릭대	25	서울여대	23
건국대	22	성균관대	23

경기대	6	성신여대	30
광운대	25	수원대	31
덕성여대	12	숙명여대	26
명지대(서울)	17	안양대	16
명지대(경기)	22	용인대	16

미리 세우는 내 아이 입시 전략

중등 내신
준비하기

최근 삼육중학교, 화산중학교 같은 자율중학교에 대한 관심이 점점 뜨거워지는 것이 느껴집니다. 하지만 중입을 준비하기에 초등학생은 아직 어린 나이이기 때문에 대부분은 집에서 가까운 지역의 중학교를 선택하지요. 맹자의 어머니는 자식을 위해 이사를 세 번이나 했다지만 현실적인 여건상 아이 교육, 그것도 고등학교도 아닌 중학교 때문에 이사를 선택하는 건 쉽지 않으니까요.

부모님의 고민은 여기서부터 시작됩니다. 중학교 시험이 어렵다고 소문난 지역의 학부모님들은 혹시나 아이가 공부에 대한 흥미가 잃을까 봐 걱정이고, 시험이 쉽다는 평을 받는 지역의 학부모님들은 편하게 공부했다가 혹시라도 고등학교 입학 후 적응을 하지 못할까 봐 밤

잠을 설치지요.

결국 중학교 내신 시험은 어려워도 심란하고, 쉬워도 불안합니다. 우리는 왜 중학교 시험을 앞두고 그토록 불안해할까요?

자, 시험 이야기를 하기 전에 가족여행을 떠나기 위해 계획을 짠다고 가정을 해 봅시다. 가족들의 투표로 결정된 여행지는 해외 유명 관광지예요. 한 번도 가 본 적이 없는 나라이지만 책이나 인터넷, 방송을 통해서 정보를 찾기가 어렵지는 않아요.

하지만 막상 계획을 짜려다 보면 정보가 많은 것도 가끔은 선택을 어렵게 하는 장애물이 되곤 합니다. 어떤 블로거는 A식당이 인생 맛집이라고 하는데, 어떤 여행 동호회 카페에서는 너무 짜서 반도 먹지 못했다고 합니다. 여행 전문 잡지에서는 B관광지가 환상적이라고 별 5개를 주는데 여행 방송 출연자들의 만족도는 현저히 떨어집니다.

이렇게 보면 도대체 어떤 말을 믿어야 되나 혼란스럽지만 당연한 일입니다. 사람들마다 여행 스타일도, 목적도, 일정도, 경비도, 인원 구성도, 여행 경험도 모두 다릅니다. 해외여행에 익숙해서 다양한 향신료를 경험해 본 사람들은 현지 음식도 두려움 없이 도전하거나 정말 싫은 건 애초에 빼 달라고 부탁할 수 있지만, 대비책 없이 도저히 친해질 수 없는 향신료를 만나게 된 초보 여행자는 값을 다 치르고도 먹지 못하는 음식을 받게 되고 말지요.

그러니 여행 계획을 짤 때 가장 먼저 염두에 두어야 할 것은 다른 사람들의 경험과 판단이 아니라 내가 무엇을 좋아하고 싫어하는지, 내가 이번 여행에서 가장 중요하게 생각하는 것은 무엇인지 우선순위를 짜는 일이 아닐까요?

중학교 시험도 이와 똑같습니다. 초등학교 때까지는 공식적인 시험이 없는 탓에 중학교 때 처음 만나게 되는 내신 시험은 아이들과 학부모님 모두에게 부담이 될 수밖에요. 그런데 우리 아이의 준비 상황도, 현재 학습 상태도, 싫어하거나 어려워하는 과목이 무엇인지도 모르고, 단기 목표와 장기 목표도 없이 그저 '좋은 점수를 받아야 해.'라는 생각만 가지고 있다면 그 여정의 만족도가 높을 확률은 매우 낮습니다.

그러니 첫 시험을 앞둔 학생들이 가장 먼저 할 일은 문제집을 사는 것도, 과외를 시작하는 것도 아닙니다. 방학 전에 생활계획표를 짜는 것처럼 중등 내신, 즉 정기고사에 익숙해지기 위한 가장 좋은 방법은 시험 계획표를 짜는 것입니다.

시험 계획표 양식은 상황에 맞춰 변형하거나 새로 만들어도 상관없지만 '시험 전 다짐'과 '과목별 세부 학습 계획', '목표 점수', '시험 후 소감'은 꼭 들어가는 것이 유용합니다.

초등학생들도 학원 테스트나 외부 대회를 준비할 때 변형하여 사용한다면 올바른 학습 계획을 짜는 데 도움이 됩니다.

❶ 시험 전 다짐
시험 전 마음가짐을 쓰는 것으로 왜 공부를 해야 하는지, 어떤 자세

시험 계획표 양식 예시

시험 계획표	
시험 이름	OO중학교 2학년 1학기 1차 필기고사
시험 날짜	5월 1일 ~ 5월 3일 (3일간)

시험 전 다짐
- 시험 대비 기간을 3주로 잡고 매일 2시간 이상 자습을 하며 플래너를 꾸준히 쓸 것이다. - 시험 전날까지 시험 범위를 다 공부하지 못해서 후회하지 않도록 할 것이다.

과목별 세부 준비 사항				
과목	시험 범위	우선순위	세부 계획	목표 점수
국어	~3단원	3	1. 수업 필기 내용 정리하고 숙지하기 2. 시험 범위 문학 작품 정보 다시 읽고 특징 정리하기 3. 교과서 및 자습서 문제 2번씩 풀기	90점
영어	~4단원(2단원×)	1		
수학	~3단원	2		
사회	2~4단원	5		
과학	~4단원	4		

시험 후 소감
- 사회가 쉽다고 생각해서 우선순위를 가장 낮게 했는데 막상 공부해 보니 시간이 모자랐다. 다음 시험에는 사회를 공부할 시간을 늘려야겠다. - 수업 시간의 필기에서 시험 문제가 많이 나왔다. 앞으로는 수업 시간에 더 집중해서 필기를 하고 선생님 말을 듣도록 노력할 것이다.

로 시험에 임할 것인지를 아이가 스스로 돌아볼 수 있도록 도와주세요. '평균 90점'과 같은 단답형보다는 '평균 90점을 달성하고, 모든 과목이 85점을 넘도록 할 것이다.'와 같이 문장형으로 적는 것이 목표를 설정할 때 보다 효과적입니다.

미리 세우는 내 아이 입시 전략

❷ 과목별 세부 학습 계획

많은 학생이 플래너를 쓸 때 놓치는 부분입니다. 계획표를 작성하는 학생이 많아졌지만 여전히 세부 계획을 세우는 아이들은 적습니다. 그저 하루하루 되는 대로 문제집을 풀거나 인강을 들으면서 하루를 열심히 보냈다고 생각하지요.

그렇게 공부를 하다 보면 가장 큰 문제는 내가 지금 어느 정도 준비가 되었는지 알기가 어렵다는 점입니다. 문제집을 몇 쪽까지 풀었는지는 말할 수 있지만 "시험 준비가 어느 정도 되었니?"라는 물음에는 머뭇거리는 겁니다. 따라서 과목별 세부 학습 계획은 가장 많은 별표를 쳐야 하는 핵심 항목입니다.

❸ 과목별 목표 점수

간결하게 딱 점수만 숫자로 적어 주세요. 한눈에 보이는 목표는 집중력을 유지하는 데 도움이 됩니다. 또 과목별로 정한 점수는 '한두 과목 정도는 포기해도 괜찮지 않을까?' 하는 나태함을 막을 수 있는 가장 좋은 방패입니다.

간혹 '전 과목 목표'만을 정해 놓은 경우에는 어려워하는 과목이나 학습량이 많아 부담스러운 주요 과목 중 한두 과목은 빼 놓고 상대적으로 점수를 올리기 쉬운 과목들에 집중해서 눈 가리고 아웅 하는 일이 벌어지기도 합니다. 과목별 균형 잡힌 학습을 위해서라도 과목별로 따로 목표 점수를 정하는 일은 필수입니다.

❹ 시험 후 소감

중학생은 다 자란 아이들처럼 보이지만 여전히 어른이라고 하기엔 미성숙한 부분이 많습니다. 시험 계획표를 세웠다고 하더라도 중간에 학습이 흐지부지되었을 가능성도 높고 목표를 제대로 이루지 못했을 확률도 높아요. 그래서 시험 후 소감을 작성하는 일이 필수입니다.

시험 후에는 시험 대비에 들어가기 전에 무엇을 목표로 했는지, 어떤 계획과 어떤 목표를 세웠는지 확인하면서 스스로 반성하거나 혹은 자랑스러워할 수 있는 시간을 마련해 주세요. 부모님에게 꾸중을 듣는 것보다 훨씬 더 많은 자극을 받을 겁니다.

고입,
무엇을 준비해야 하나?

앞서 일반 고등학교가 아닌 다양한 형태와 목적을 가진 고등학교를 설명했습니다. 그런데 특목고, 자사고, 마이스터고, 특성화고 등의 학교들은 단순히 중학교 내신 성적만으로 학생들을 선발하지는 않습니다. 여러 고등학교의 교육과정과 목적을 통해 진로에 확신이 생겼다면 이번 장에서는 본격적으로 해당 학교의 진학을 위해 필요한 것이 무엇이 있는지를 알아보겠습니다.

먼저 살펴보아야 할 것은 우리 아이가 목표로 하는 학교가 후기 선발 고등학교인지 전기 선발 고등학교인지 확인하는 일입니다. 2023년 기준으로 특목고와 마이스터고, 특성화고는 전기 선발 고등학교이며, 자사고와 일반 고등학교는 후기 선발 고등학교로 분류되어 있습니다. 전기 선발 고등학교인 과학고 등에 지원을 했다가 탈락의 고배를 마신다면 후기 선발을 하는 자사고에 다시 한 번 원서를 넣을 수 있습니다.

하지만 자사고와 같은 후기 선발 고등학교에 지원을 했다가 떨어지면 어떻게 될까요? 평준화 지역에 살고 있는 학생이라면 일반고에 재지원할 수 있지만, 비평준화 지역에 살고 있는 학생들이라면 좀 더 주의해야 합니다.

비평준화 지역의 일반 고등학교는 중복 지원을 허락하지 않기 때문에 만약 후기 선발인 외고/국제고/자사고에 지원을 했다가 탈락한다면 지역 내 '정원이 미달된 학교'에 가야 합니다. 정원 미달 학교들은 대부분 지역의 외곽에 위치하는 등 학생들의 선호가 떨어지기 때문에 지원하기 전에 자녀와 플랜B에 대한 생각도 반드시 충분하게 이야기를 나눠야 합니다.

또 하나 더 알아야 할 것이 있습니다. 특목고와 광역 단위 자율형 사립고는 지원 시 광역 단위 내에 위치한 학교에만 원서를 쓸 수 있다는 것입니다. 즉 경기도에 살고 있는 학생은 서울에 위치한 광역 단위 자사고인 휘문고에는 원서를 쓸 수 없습니다.

참고로 2025년부터 일반고로 전환 발표가 된 외국어고등학교와 국제고등학교는 특목고이지만 후기 선발을 하고 있습니다.

특목/자사고에 입학하기 위해서는 중학교 때부터 내신 관리와 학교생활기록부 관리, 자기소개서와 면접 준비가 필요합니다. 코로나19

확산 시기와 같이 특수한 상황에서는 면접이 생략되기도 했습니다만 이는 예외 상황입니다. 여기서는 기본적으로 준비해야 할 4가지에 대해 모두 다루도록 하겠습니다.

❶ 중학교 내신 관리

만약 특목/자사고를 지원하고자 하는 학생이라면 중학교 내신 성적이 얼마나 좋아야 할까요?

고입을 잘 모르는 사람들은 "전교 10등 안에 들어야 할 것 같다."라고 등수를 기준으로 대답하는 경우가 많습니다. 하지만 중학교 내신 성적은 상대평가가 아닌 절대평가이므로 등수는 기록되지 않는다는 걸 먼저 기억해 두세요.

학교에 따라 다르지만 주요 과목에서 A등급(90점 이상)을 받는다면 내신 점수는 만점을 받습니다. 다만, 중등 내신을 어떻게 판단할 것이냐는 고등학교의 성격에 따라 조금 다릅니다. 실제로 영재고의 경우에는 B등급이 있어도 영재성이 특출 난 것으로 판단되는 학생이라면 내신 성적의 불리함을 얼마든지 극복하기도 합니다.

여기서 성취도 A는 한 학기의 지필고사와 수행평가를 모두 합쳐 90점이 넘었는가를 기준으로 하기 때문에 특별히 실수를 많이 하지 않는 이상 상위권 학생들에게 그리 어려운 기준은 아닙니다.

❷ 학교생활기록부 관리

특목/자사고에 지원 원서를 낼 때는 중학교 학생부도 함께 제출합니다. 다만, 고입 시 활용하는 학생부 항목은 상당히 제한되어 있습니다. 수상경력 등은 완전 제외되고 세부능력 및 특기사항(과목별 선생님의 의견), 행동특성 및 종합의견(담임선생님 의견)도 3학년 부분은 제외됩니다. 내신 성적도 원점수와 과목평균, 표준편차는 삭제됩니다.

이렇듯 생략되는 항목이 많기 때문에 고입을 준비하는 학생들은 지원 동기나 학업 및 전공에 관련한 역량과 관심을 보여 주려면 진로 활동, 독서 활동 등 남은 몇 가지 사항을 중심으로 관리해야 합니다.

그러나 고입에서는 대입처럼 전략적인 학생부 관리가 필요하지는 않습니다. 학생부 자체는 점수로 평가하지 않고 나중에 면접을 볼 때 학생 개별 문항을 위한 참고 사료로 사용하는 경우가 대부분이기 때문입니다.

따라서 학교생활을 얼마나 충실하게 했고 내 꿈이 무엇인지를 분명하게 나타냈다면 충분합니다.

❸ 면접

면접은 크게 2가지로 나뉩니다. 학생부와 자기소개서를 기반으로 지원자 개별 맞춤형 질문을 하는 '개별 질문형'과, 문제 상황을 제시함으로써 지원자의 역량을 확인하고자 하는 '문제 제시형'이 있습니다.

학생들에 따라 특정 면접을 유독 어려워하는 경우가 있기 때문에 만약 자녀가 특목/자사고에 관심이 있다면 희망하는 학교의 면접 형태는 어떤지 확인해야 합니다. 같은 학교라도 매년 면접 방식은 달라질 수 있으니 매년 최신의 것을 확인해야 합니다.

면접을 효과적으로 대비하기 위해서는 자신의 학생부와 자기소개서에 등장하는 주요 활동들을 구체적으로 정리하고 관련 질문이 나왔을 때 막힘이 없도록 예시를 만들어 보는 것이 중요합니다.

문제 제시형은 평소 배경지식과 사고 과정과 깊이에 영향을 받는 것이므로 단기 준비는 어렵습니다. 어렸을 때부터 꾸준히 시사 상식을 기르고 독서하는 습관을 길러야 하는 이유입니다.

문제 제시형 예시(충남외고 2022)	
지문	인간에게는 쉬운 것이 기계한테는 어렵고, 반대로 기계한테 쉬운 것이 인간에게는 어려운 상황을 '모라벡 역설'이라고 한다.
문제	색칠한 내용에 해당하는 사례를 인지적, 정의적 영역에서 한 가지씩 제시하고, 그 이유를 말하라. (인지적 : 어떠한 사실을 인식하여 아는 것, 정의적 : 감정이나 의지에 관한 것)

❹ 자기소개서

자기소개서를 작성할 때 자신의 역량을 보여 주고 싶은 마음에 토익이나 토플 등 인증시험 점수를 적거나 교내외 대회 입상, 영재원 활동이나 출신 중학교를 언급하는 학생들이 있습니다. 하지만 이런 내용들을 자기소개서에 기재한다면 곧바로 0점 혹은 감점 처리되어 탈락의 고배를 마시기 십상이니 반드시 주의해야 합니다.

특목/자사고가 요구하는 자기소개서의 대표적인 항목들은 ① 지원 동기, ② 자기주도적 학습 과정과 느낀 점, ③ 입학 후 활동 계획과 진로 계획, ④ 인성을 나타낼 수 있는 경험과 이를 통해 배우고 느낀 점 등입니다.

이때 많은 학생이 미사여구를 과하게 사용하는 경향이 있는데 중요한 것은 구체적인 근거라는 점을 꼭 기억하세요. 근거가 뒷받침되지 않은 주장은 소개가 아닌 소설이 되고 맙니다.

자기소개서 기재 금지 사항

- TOEFL, TOEIC, TEPS, TESL, TOSEL, PELT, HSK, JLPT 등 각종 인증시험 점수 및 한국어, 한자 등 능력시험 점수
- 교과목의 점수 또는 석차
- 교내/외 각종 대회 입상 실적 및 자격증
- 영재교육원 교육 내용 및 수료 여부
- 부모 및 친인척의 사회/경제적 지위를 암시하는 내용

  ① 부모 및 친인척의 구체적인 직장명이나 직위 암시

  : 신경외과 전문의인 아버지의 영향을 받아 생물학에 관심을 가지게 되었는데 ~

  ② 가정의 소득 수준을 암시

  : 심신 단련을 위해 방과후에는 어머니와 함께 골프와 승마를 즐기며 ~

  ③ 학교에서 주관하지 않은 프로젝트 활동이나 캠프

  : 2학년 여름방학 때는 단기 어학연수 과정을 통해 아이비리그 탐방을 ~
- 지원자 본인을 알 수 있는 이름이나 출신 중학교 등 인적사항을 암시하는 내용

2023년 전국 단위 자사고의 자소서 및 면접 개요

학교	자기소개서	면접
광양제철고등학교	학습경험+인성+독서	서류기반
김천고등학교	학습경험+진로+인성	제시문+서류기반
민족사관고등학교	학습경험+진로+인성+학부모 자소서	제시문+서류기반
북일고등학교	학습경험+진로+인성	서류기반
상산고등학교	학습경험+인성+독서	제시문+서류기반
외대부속고등학교	학습경험+진로+인성	제시문+서류기반
인천하늘고등학교	학습경험+진로+인성	제시문+서류기반
포항제철고등학교	학습경험+진로+인성	제시문+서류기반
하나고등학교	학습경험+인성	서류기반
현대청운고등학교	학습경험+정주영 정신+인성	제시문+서류기반

※ 세부 내용은 학교에 따라 다르기 때문에 반드시 확인이 필요합니다.

헷갈리는
입시 상식,
원 포인트 레슨

통합형 수능,
어려운 과목이 유리하다?

2022년 대입부터 문·이과 통합 수능의 시대가 도래했습니다. 부모님들은 경험하지 못한 완전히 새로운 형식의 수능입니다. 앞으로 수능은 서술형을 도입한다거나 하는 식의 변화를 예고하고 있지만, 다시 문과/이과 분리형 시험으로 회귀하기란 어려울 것이라는 예측이 우세합니다.

앞선 장에서 설명했던 고교학점제가 시행되면 학생들은 자신의 진로와 적성에 따라 배우고 싶은 과목들을 정하게 됩니다. 결국 이분법적 계열 구분은 앞으로 더욱 어려워질 것이라는 뜻이지요. 각자가 배운 교과목이 다른 상황에서 겨우 문과/이과만을 구분한 시험을 치를 수는 없습니다. 그렇기 때문에 통합형 수능이라는 새로운 대안이 나온 것입니다.

통합형 수능에서 변화가 가장 심한 과목은 국어와 수학입니다. 두 과목 중에서도 특히 수학의 경우 예전과 달리 문과와 이과 학생들의 등급(등수) 산정을 따로 하지 않고 합쳐지면서 문과 성향의 아이들의 곡소리가 여기저기서 들려오는 중입니다.

고교학점제 완전 시행 전인 지금도 벌써 고등학교에서는 아이들을 문과/이과로 구분하지 않습니다. 현실적으로 학교에서는 문과반, 이과반이라는 명칭을 그대로 사용하기도 하지만 이제 공식적으로는 어디에서도 문과, 이과는 없는 것이지요.

때문에 수능에서는 국어와 수학에 한해 모든 학생이 공부해야 하는 '공통 과목'과 하고 싶은 것을 선택해서 시험을 치게 할 수 있게 해 준 '선택 과목'을 정해 놓고 진로와 적성에 따라 '선택 과목'은 계열 구분 없이 자유롭게 선택하도록 해 준 겁니다.

통합형 수능에서 국어와 수학

미리 세우는 내 아이 입시 전략

먼저 국어를 통해 바뀐 수능을 이해해 봅시다. 수능 국어는 공통 과목과 선택 과목을 모두 합쳐 100점이 됩니다. 공통 과목은 독서와 문학으로 구성되어 있는데 45문항 중 34문항을 차지합니다. 공통 과목은 선택이 불가능하고 모든 수험생이 응시해야 하지요. 때문에 대부분의 고등학교에서는 문학과 독서를 필수로 가르치는 추세입니다.

그렇다면 선택 과목은 어떨까요? 선택 과목은 '언어와 매체', '화법과 작문' 중 내가 원하는 것을 한 과목만 선택할 수 있습니다.

'화법과 작문'은 예전에도 꾸준히 수능에서 나오던 문제 유형이에요. 주로 대화를 나누거나 글로 의견을 나타내는 지문을 출제함으로써 말과 글을 얼마나 잘 이해할 수 있는가를 측정하지요. 기출문제도 많아서 많은 학생이 선택합니다.

2023 대학수학능력시험 언어와 매체 44번 문제

[화면1] 게시판에서 '1인 미디어 방송'을 클릭한 화면

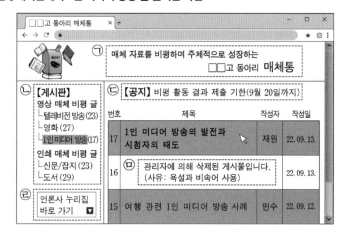

44. 〈보기〉를 바탕으로 [화면1]을 이해한 내용으로 적절하지 <u>않은</u> 것은?

〈보기〉

'매체통' 동아리 카페 활동 원칙

개설 목적 : 매체통 동아리원들이 다양한 매체 자료 비평 활동을 통해 매체 자료를 주체적으로 수용하는 능력과 태도를 기른다.

규칙 1. 동아리 활동 계획을 성실하게 이행하고 동아리 활동에 적극적으로 참여한다.

2. 매체 자료 비평을 위한 글만 작성하고 각 게시판의 성격에 맞게 올린다.

3. 불필요한 갈등을 유발하지 않도록 무례한 표현을 사용하지 않는다.

---

① ㉠을 보니, '개설 목적'을 고려하여 동아리 성격이 드러나도록 카페의 활동 주체와 활동 내용을 제시하였군.

② ㉡을 보니, '규칙 2'를 고려하여 매체 자료 유형에 따라 게시판을 항목별로 나누어 게시물을 체계적으로 분류하였군.

③ ㉢을 보니, '규칙 1'을 고려하여 동아리 활동 계획을 상기할 수 있도록 비평 활동 결과의 제출 기한을 제시하였군.

④ ㉣을 보니, '규칙 2'를 고려하여 사건 보도 기사를 작성하는 능력을 기르게 하기 위해 링크를 제시하였군.

⑤ ㉤을 보니, '규칙 3'을 고려하여 예의를 지키지 않은 글이 동아리원에게 공개되지 않도록 게시물을 삭제하였군.

→ 정답은 ④번

'언어와 매체'는 쉽게 말하면 예전에는 없었던 새로운 매체에서의 글과 말의 이해력을 확인하는 신 유형의 문제이고, 여기에 언어 즉 문법이 포함되는 과목입니다.

'언어와 매체'를 구성하는 유형 중 '매체'에 속한 문제는 대체로 수월하게 풀 수 있다고 평가되지만 '언어', 그러니까 문법은 이야기가 좀 다릅니다. 많은 학생이 문법에 알레르기 반응을 보이며 꺼려하기 때문에 대체로 선택자가 적은 편이지요. 2023학년도 수능에서 '화법과 작문'을 선택한 학생들은 65.9%였는데, '언어와 매체'를 선택한 학생이 34.1%밖에 되지 않는다는 것은 아이들이 문법을 얼마나 싫어하는지를 보여 주는 지표입니다.

자, 그런데 뭔가 좀 이상하지 않나요?

아까 앞에서 한 설명에서는 '문·이과가 사라지면서 등급(등수) 산정을 함께한다.'고 했는데 '언어와 매체', '화법과 작문'으로 선택 과목이 나누어져 있다면 결국 '언어와 매체'는 '언어와 매체'끼리, '화법과 작문'은 '화법과 작문'끼리 등수를 나누는 것 아닌가 하는 의문이 들 겁니다.

바로 이 지점에서 2022 수능 이전까지는 존재하지 않던 새로운 점수 체계를 이야기할 수밖에 없습니다.

선택 과목이 달라도 함께 등급을 내는 방법	
1단계	같은 선택 과목을 택한 집단별로 공통 과목과 선택 과목의 평균과 표준편차를 구하고, 이를 활용하여 개별 학생의 선택 과목의 조정 원점수를 산출한다.
2단계	공통 과목의 원점수와 1단계에서 구한 선택 과목 조정 점수 각각을 평균과 표준편차를 활용하여 표준화 점수를 산출한다.
3단계	배점 비율(국어는 74 대 26, 수학은 76 대 24)대로 가중치를 주어 공통 과목 점수와 선택 과목 점수를 더한 표준화 점수 가중합을 산출한다.

4장 헷갈리는 입시 상식, 원 포인트 레슨

4단계	3단계에서 구한 표준화 점수 가중합을 변환한 최종 표준점수를 구한다.
5단계	최종 표준점수를 근거로 등급을 결정한다.

위와 같은 총 5단계의 복잡한 수식을 거쳐 수능 국어와 수학의 '최종 표준점수'를 구하게 되는데 식이 워낙 복잡해서 이해하기가 쉽지는 않습니다. 다행스럽게도 이 책을 읽는 학생이나 학부모님이 위의 5단계를 외울 필요는 없습니다.

통합형 수능의 핵심인 3가지만 기억하면 됩니다.

1. 선택 과목이 달라도 변환 점수식을 사용하여 새로운 점수를 만든다.
2. 이때 만든 새로운 점수는 더 어려운 과목을 공부한 학생들에게 일종의 보상을 준다.
3. 따라서 같은 점수를 받았다면 더 어려운 선택 과목을 택한 학생의 최종 점수가 높다.

이렇게 복잡한 식을 사용하는 이유는 선택 과목 사이에 존재하는 학습량의 차이, 혹은 난이도의 차이를 충분히 고려해 주기 위해서입니다. 일반적으로 더 어렵다고 평가되는 '언어와 매체'를 선택한 학생과 '화법과 작문'을 선택한 학생이 동일한 점수를 받았을 때, 실은 '언어와 매체'를 선택한 학생이 보다 많은 학습량을 소화했을 것이라고 판단합니다.

실제로 위의 식에서는 같은 과목을 선택한 학생들의 공통 과목과 선택 과목 평균 점수 등을 사용하여 어떤 그룹이 더 공부를 많이 한 학생들인지 확인하고 있고, 이를 통해 원점수가 같아도 최종 표준점수는 '언어와 매체'를 선택한 학생이 더 높은 값을 가지게 되는 것입니다.

입시, 특히 수능은 최상위권으로 갈수록 1~2점에 당락이 결정됩니다. 이 탓에 서울대나 의대 등 최상위권을 노리는 학생들은 일부러 점수를 더 잘 받기 위한 방법으로 선택 과목을 미리 결정하고 꾸준하게 공부해 나가기도 하지요.

결국 바뀐 수능의 핵심은 '어렵게 공부한 과목이라면 그 보상을 충분히 해 준다.'로 결론 낼 수 있습니다.

이과생의 문과 침공,
선입견을 버려야 한다?

문제는 문·이과 통합형 수능이 시행된 이후 '이과생들의 문과 침공'이 지나치게 강해졌다는 것입니다.

2022 경희대 정시 전형 입학자들의 수학 선택 과목 비율

전공 학과	최종 등록자의 수능 선택 과목 비율	
	확률과 통계	미적분 + 기하
국어국문학과	60.6%	39.4%
영어영문학과	55.6%	44.4%
행정학과	46.7%	53.3%
경제학과	37.0%	63.0%
정치외교학과	25.0%	75.0%

미리 세우는 내 아이 입시 전략

경희대는 다른 대학들과 달리 예외적으로 정시 합격생들이 수능에서 어떤 수학 과목을 선택했는지 밝혔습니다. 전통적으로 문과 성향이 가장 강한 학생들이 선택할 것이라고 여겨지는 어문 계열마저도 약 40% 정도가 수능에서 미적분이나 기하를 선택한 이과 계열 학생임을 알 수 있습니다.

정치외교학과(75%), 회계세무학과(73.3%)는 인문 계열 학과임에도 불구하고 정시 합격자 4명 중 3명이 이과생이었습니다. 심지어 간호학과 인문 계열 모집에서마저 이과 계열 합격자들이 61.1%의 합격률을 보임으로써 간호학과 자연 계열 100%에 더해 추가 파이를 가져갔습니다.

도대체 어쩌다가 이런 일이 벌어진 것일까요?

높은 수학 점수, 교차 지원을 부추기다

앞에서 통합형 수능에서 더 좋은 점수를 받기 위한 핵심이 '어려운 과목에서 더 높은 점수를 받는 것'이라는 이야기를 했습니다.

결국 국어에서는 언어와 매체, 수학에서는 미적분과 기하를 선택한 학생들 중 각각의 과목에서 높은 점수를 받은 학생들이 화법과 작문(국어 선택 과목)이나 확률과 통계(수학 선택 과목)를 선택한 학생들에 비해 상대적으로 유리한 위치를 점한 것이지요.

예전처럼 말하면 이과 학생들, 요즘 입시에서 사용하는 단어로는 '이과 성향이 강한 학생들'이 적어도 정시 전형에서는 매우 유리해진 겁니다.

이과 계열 공부라고 볼 수 있는 미적분이나 기하, 과학 등을 공부하던 학생들이 정시 전형에서 문과 계열 학과에 지원을 하고, 높은 수학 점수를 바탕으로 문과 계열 학생들을 압도하면서 실제로 유수 대학들에서 문과 계열 학과들의 실제 입학자들 중 상당 부분을 이과 학생들이 차지했습니다.

정시 합격자들의 수학 선택 과목 비율을 밝히지는 않았지만 원서 접수 업체 등에 따르면 경희대 외에도 주요 대학들의 문과 계열 학과 정시 합격생 중 약 40%가 미적분이나 기하 선택자라는 예측이 있을 정도입니다.

통합 수능이 계속되는 이상 수학 점수로 인한 차이는 계속 될 것이란 전망이 우세합니다. 각기 다른 선택 과목이라도 함께 등급을 내리면 과목 간의 차이를 고려할 수밖에 없으니까요. 만약 이를 불합리하다고 과목 간에 차이를 두지 않는다면 누가 어렵고 학습량도 많은 과목을 선택할까요?

응시에 제한 없는 이과 계열 학생들

이과생들이 대거 문과 계열에 지원할 수 있었던 이유는 또 있습니다. 이과 계열 학생들(미적분/기하+과학탐구 선택자)이 문과 계열 정시에 지원할 경우에는 특별한 제한이 없습니다. 공학 계열이나 자연과학 계열에서는 정시에 응시 지원의 자격 조건을 걸어 둔 대학이 많습니다. 즉 미적분이나 기하, 과학탐구를 선택한 학생들은 문과 계열 학과와 이과 학과 중 자유롭게 응시를 할 수 있는 데 반해 문과 학생들은 '미적분이나 기하, 과학을 선택하지 않았어? 그럼 원서를 받아 줄 수가 없어!'가 된 것입니다.

최근 이과생들의 문과 침공으로 인한 대책으로 이과 계열 학과들(공대 등)의 지원 자격 조건을 폐지하려는 움직임이 있습니다. 하지만 그리 실효성이 있어 보이지는 않습니다.

앞서 말한 것처럼 이과생들이 문과 계열 학과에 지원하여 합격할 수 있었던 것은 높은 수학 점수를 바탕으로 한 것이었는데, 이과 계열 학과의 자격 조건(미적분 등 선택)이 풀린다고 하더라도 애초에 점수가 낮은 문과 계열 학생들이 공대의 문을 두드리기란 쉽지 않기 때문입니다.

사실 이과생들의 문과 침공에 대해 저는 2021년부터 경고를 해 왔습니다. 적성과 꿈보다 대학 간판을 선택할 이과 학생들이 생각보다 많을 수 있다는 것이었지요. 하지만 미리 상황을 예측했던 제 예상치보다 훨씬 웃도는 실제 수치에 마음이 개운치는 못합니다. 이과 성향의 아이들이 문과 계열 학과를 선택한 것은 적성과 꿈을 고려한 선택이 아니라 대학 간판을 높이기 위한 어쩔 수 없는 결정임을 알고 있으니까요.

그렇다고 이 아이들을 탓해서는 안 됩니다. 아이들은 어른들이 만들어 놓은 세상의 규칙대로 움직인 것뿐이니까요. "좋은 대학을 가는 것이 꿈이나 적성보다 중요하다."는 어른들의 말을 듣고 자란 아이들의 입장에서는 학과(꿈)를 포기하면 더 좋은 간판(대학)을 가질 수 있다는 유혹을 뿌리치기 쉽지 않습니다.

아이들뿐 아니라 대학들도 골머리를 앓을 겁니다. 꿈과는 관계없이 오로지 대학 간판만을 위해 문과로 전향하여 학과를 선택한 아이들은 아주 높은 비율로 N수를 택할 가능성이 높습니다. 혹은 전과, 복수 전공을 통해 원래 꿈이었던 이과 공부를 해 나가려고 하겠지요.

문과를 희망하는 아이들 역시 속이 상할 겁니다.

결국 승자는 없습니다. 모든 아이가 피해자입니다. 하지만 피해를 당했다고 주저앉아 있을 수만은 없습니다. 해결책을 찾아야지요.

방법은 의외로 간단합니다. '수학'을 '이과생'들만큼 잘하면 됩니다.

통합형 수능과 고교학점제, 즉 문과니 이과니 하는 계열이 사라졌습니다. 이제는 계열 구분 없이 모두 동일한 기준으로 평가받습니다.

문과 학생들이라고 반드시 수학을 못하는 것은 아닙니다. 내가 하고 싶은 공부가 '문과 계열'일 뿐 수학을 잘하는 아이들은 오히려 예전보다 더 유리해졌습니다. 수학을 잘하는 문과 아이들은 높은 수학 점수와 사회 점수를 바탕으로 문과 침공을 하는 이과생들과 같은 위치를 차지하게 되었으니까요. 실제로 내신이나 수능에서 미적분을 선택하여 당당하게 '이과생'들을 제치고 1등급을 받아내는 아이들도 있습니다.

"이과는 미적분을 하고 문과는 확률과 통계를 해야지. 왜 쓸데없이 문과 갈 거면서 미적분까지 한다고 고집을 피워? 그냥 그 시간에 딴 거 해."

이런 말은 변화하는 입시를 모르는 어른들의 선입견일 뿐입니다. 어른들이 겪은 입시의 답이 반드시 아이들의 답과 같을 거라고 생각해서는 안 되는 이유입니다.

2022 개정 교육과정에서도 밝혔듯이 이제 우리나라 교육에서 기초 소양은 언어, 수리, 디지털 역량입니다. 사회가 달라진 만큼 수학 교육이 강화되었습니다. 따라서 문과 계열 학과를 희망한다고 하더라도 수학적 역량을 소홀히 할 수는 없습니다.

편견과 선입견을 버리면 아이의 가능성이 보입니다.

이과 중심 대학 입시 개편!
문과 성향 아이는?

수능 수학도 국어처럼 공통 과목과 선택 과목으로 구분됩니다. 공통 과목은 74점, 22문제로 구성되어 있고 '수학I'과 '수학II'가 범위에 해당합니다. 대부분의 학교에서는 두 과목 모두 고등학교 2학년 때 배웁니다. 선택 과목은 26점, 8문제이며 '확률과 통계', '미적분', '기하' 중에 내가 원하는 과목을 선택합니다.

앞에서 문·이과 통합형 수능의 의미를 살펴보았습니다. 더 어려운 선택 과목을 공부하면 그만큼 보상을 주겠다는 것인데, 국어에서는 이에 대해 반발이 별로 없습니다.

문과 학생들은 '언어와 매체'를 많이 선택하고, 이과 학생들은 '화법과 작문'을 많이 선택할까요?

그렇지 않습니다. 국어 선택 과목의 핵심은 '문법'을 더 많이 공부할 것이냐, 말 것이냐 하는 문제이지 내가 이과 성향이 강한가, 문과 성향이 강한가 하는 성향의 차이는 국어 선택 과목을 결정하는 데 그리 대단한 변수는 아닙니다.

하지만 수학은 좀 다릅니다. 이과 계열 학생들은 '미적분'과 '기하' 중 선택을 할 수 있지만 사실상 문과 계열을 희망하는 학생들은 '확률과 통계' 외에는 선택지가 없다시피 합니다. 내신 과목으로는 '경제 수학'이나 '실용 수학' 등의 과목이 개설된 학교들이 있습니다만 해당 과목들은 수능 직접 출제 과목이 아니라서 수능 준비를 할 때는 별로 도움이 되지 않지요.

그런데 2022 수능이 끝나고 서울 중등진학지도 연구회에서 서울시

4장 헷갈리는 입시 상식, 원 포인트 레슨

응시생의 수능 성적을 분석하여 발표한 자료는 문과 성향을 가진 학생들과 학부모님들을 발칵 뒤집어 놓았습니다. 해당 수능에서 수학 1등급을 받은 학생들을 분석했더니 문과 학생('확률과 통계' 선택 학생)은 고작 5.8%에 불과했다는 겁니다.

수학 1등급을 받은 학생들 중 '미적분' 선택자가 약 87%, '기하'가 약 7%, '확률과 통계'는 겨우 6%에 불과했습니다. 전체 수능 응시생의 절반 이상(51.6%)이 '확률과 통계' 선택자라는 것을 감안하면 충격적인 수치입니다.

등급	해당 구간
1등급	0~4%
2등급	4~11%
3등급	11~23%
4등급	23~40%
5등급	40~60%
6등급	60~77%
7등급	77~89%
8등급	89~96%
9등급	96~100%

자, 입시에서 1등급은 상위 4%입니다. 2022 대입 이전처럼 문과생은 문과생들끼리 따로 등급을 매겼다면 문과생('확률과 통계' 선택자) 약 22만 명 중 4%, 8,800명이 1등급을 받았을 겁니다.

하지만 앞선 장에서 설명한 것처럼 5단계 변환 점수 식을 사용하여 과목 간 유불리를 없앤 새로운 점수를 받은 뒤 등수를 매기니 고작해야 약 1,000명만이 1등급을 받았고, 나머지 1등급은 모조리 이과생에게 돌아가고 말았습니다. 산술적으로 계산해 봐도 한 해만 빨리 태어났어도 1등급을 받았을 문과생들의 수가 약 7,800명에 이른다는 결과입니다.

심지어 2등급(상위 96~89% 구간)을 받은 학생들 중에서도 '확률과 통계'를 선택한 학생은 고작 13.4%에 불과했습니다. 응시 인원수를 고려하면 50퍼센트가 넘어야 하는데 말이지요.

이와 같은 결과로 인해 가장 먼저 터진 문제는 수시 교과전형에서 문과 계열 수능 최저등급 미충족자가 속출했다는 겁니다.

수시 교과전형은 고등학교 내신등급을 위주로 학생을 선발하는 전형입니다. 즉 내신 성적이 좋다면 합격 가능성이 매우 높기 때문에 교과전형을 목표로 하는 학생들은 고등학교 3년 내내 내신 관리를 하느라 긴장을 풀 수가 없습니다.

심지어 교과전형을 목표로 하기 위해서는 내신 경쟁이 힘들지 않은 고등학교를 선택해야 한다는 일종의 '팁'이 학부모님들 사이에서 유명해지면서 수능 준비는 조금 어렵더라도 일부러 내신 관리가 쉬운 고등학교로 진학을 하는 학생도 상당수였습니다.

그런데 중학교 때부터 전략적으로 고등학교를 고르고, 고등학교 진학 후에도 열심히 내신 준비를 해 왔던 문과 계열 희망 학생들이 교과전형 합격의 단서 조항인 '수능 최저등급 충족'에 실패하여 좋은 내신에도 불구하고 선발에 실패한 겁니다. 수능 최저등급이란 수시 종합 전형보다는 수시 교과전형과 논술전형에서 주로 대학이 내거는 조건입니다.

각 학교의 내신은 학교에 따라 편차가 있기 마련입니다. 똑같은 전교 1등이라고 하더라도 학교마다 실력의 차이는 있을 수밖에 없으니까요. 대학은 지원한 학생이 좋은 내신을 가지고 있음에도 불구하고 객관적인 실력은 어떠한지 검증받고자 합니다. 그래서 이 '수능 최저등급'을 만족해야 한다고 명시하는 것입니다.

그런데 문·이과 통합형 수능의 시행으로 인해 문과 계열 학생들('확률과 통계' 선택자)의 등급이 쭉쭉 밀려났습니다. 그러니 당장 '수능 최저등급' 달성에 실패한 문과생들이 기하급수적으로 늘어날 수밖에요.

다음 표는 2022년 숭실대 교과전형의 입시 결과 일부를 발췌한 것입니다.

2022년 숭실대 교과전형 입시 결과(인문계열)			
학과	지원자 수	수능최저 충족자 수	수능 최저 충족률
중어중문학과	50	8	16.0%
국제법무학과	101	20	19.4%
불어불문학과	65	16	22.4%
경제학과	171	60	34.9%
언론홍보학과	63	22	35.5%

당시 숭실대가 내건 인문계열 학과의 교과전형 수능 최저등급 합격

미리 세우는 내 아이 입시 전략

선은 국어+수학+탐구(사회/과학)까지 세 과목 중 상위 두 과목의 등급 합 6등급을 기준으로 했습니다. 즉 내신이 순위권 안에 들었다면 국어 3등급, 수학 3등급, 탐구 4등급일 경우 국어(3)+수학(3)의 합이 6등급 으로 합격이었다는 뜻이 됩니다.

여기서 표의 가장 오른쪽에 있는 수능 최저 충족률을 주목해 주세 요. 2022 대입에서 숭실대 인문계열의 수능 최저 충족률이 가장 적었 던 중어중문학과는 지원자 50명 중 최저를 맞춘 학생이 고작 8명뿐이 었습니다. 그러니 내신이 경쟁자 대비 낮더라도 수능만 잘 쳤다면 합 격할 수 있었겠지요.

보통 숭실대 인문계열 학과의 교과전형 합격생의 내신 평균은 2점 대 중반인데, 2022 대입에서 중어중문학과 교과전형 합격생의 평균 내신등급은 3.5등급이었습니다. 내신이 좋았던 학생들이 수능 최저를 맞추지 못했다는 숨은 의미를 파악하셨나요?

이제 문과 성향이 강한 학생들은 수학에 한해서는 정글에 던져진 것과 마찬가지입니다. 문과끼리의 경쟁은 더 이상 존재하지 않습니 다. 저학년 때 수에 약하거나 수학을 싫어하는 모습이 보인다면 부모 님들은 바짝 긴장하셔야 합니다. "우리 아이는 문과라서요."라는 말은 이제 방패막이가 되어 줄 수 없습니다.

한 번 '수포자'가 되어 수학에 흥미를 잃은 아이가 다시 수학을 좋아 하고 잘하기는 어렵습니다. 때문에 문과 성향이 강한 아이일수록 페 이스 조절을 하며 힘들지 않게, 하지만 기초가 흔들리지 않도록 반복하여 학습할 수 있도록 도와주어야 합니다.

무리한 선행과 이론을 등한시한 수학 학습은 부실공사와 마찬가지라서 이과 성향이 뚜렷한 아이들과의 경쟁이 시작되는 순간 와르르 무너지고 맙니다. 수학 학습에 대한 점검이 필요한 시점입니다.

수포자 막는 시기별 수학 공부법

❶ 초등

1. 결과를 구하는 수학이 아닌 과정을 구하는 수학으로!

답 맞히기보다 중요한 것은 풀이 과정을 이해하는 것입니다.

그러니 답이 아닌 풀이에 집중하는 버릇을 들여야 합니다. 풀이가 깔끔하지 않고 중구난방으로 펼쳐져 있거나 숫자 몇 개를 무작위로 써서 사칙연산을 기준으로 문제를 푸는 습관이 고착된다면 고학년이 될수록 긴 풀이 과정을 갖는 수학에 적응하기 어렵습니다.

2. 개념은 외우는 것이 아니라 이해하는 것!

개념을 이해하는 대신 암기하는 것으로 학습을 끝내는 것은 수포자로 가는 지름길입니다.

예를 들어 볼까요? 분수를 처음 배우는 초등학생들에게 '$\frac{1}{2}$이 $\frac{1}{3}$보다 크다.'라는 것을 가르쳐 줄 때, '분자의 숫자가 동일할 때 분모의 숫자는 작을수록 큰 거야.'라고 개념을 설명하는 것은 어떤 아이들에겐 이해가 어려울 수 있습니다.

직관적으로 이해를 돕고자 한다면, 과자를 2등분한 것 중 1개의 조각이 3등분한 것 중 1개의 조각보다 크다는 것을 보여 주는 것이 훨씬 좋습니다. 때에 따라 교구 활용이 효과적인 이유입니다.

3. 수학이 어려운 학생이라면 교육과정 순서대로 학습할 것!

계통수학이라는 학습법이 있습니다. 학기별, 학년별로 나누어져 있는 수학의 단원들을 모두 해체하여 관련성이 있는 것들끼리 붙이는 등 재구성을 하여 공부하는 과정이지요. 학생들의 사고 흐름에 도움이 된다는 것은 분명하나, 수학을 어려워하거나 낯설어하는 학생들에게는 위험성도 존재합니다.

학교에서의 교육과정과 다르기 때문에 계통수학에 맞춰 학습하는 아이들은 다른 부교재를 찾기가 어렵습니다. 3학년 1학기와 4학년 1학기 과정을 계통수학으로 동시에 배우는데 4학년 1학기 과정을 복습하기 위해 문제집을 사면 아이들은 당황합니다. 4학년 1학기 과정의 문제를 풀기 위해서는 3학년 2학기 개념이 필요한 문제가 상당히 많거든요. 특히 심화 문제로 갈수록 그 비율은 더 올라갑니다.

그렇기 때문에 이미 배운 과정의 복습을 하거나, 가볍게 한 번 정도 예습하는 정도가 아니라 계통수학만으로 수학 학습을 마친 경우 충분한 학습이 되었는지 반드시 점검이 필요합니다.

❷ 중등

1. 문제를 읽고 조건과 구하는 값을 구분하는 연습을 할 것!

중학생이 되면 수학 문제가 초등학교 때와 비교해서 급격하게 길이가 길어집니다. 문장이 길어지고 문단이 길어지면서 숫자보다 한글이 더 많아지면, 학생들은 "제가 지금 수학을 풀고 있는 건지 국어를 풀고 있는 건지 모르겠어요!"라고 불만을 표시하기도 합니다.

긴 호흡을 가진 문제를 풀기 위해서 많은 학생이 독해력을 신경 쓰곤 하는데 수학에서는 여기에서 더 나아가 조건과 구하는 값을 반드시 구분하는 연습을 추가해야 합니다.

생각보다 많은 학생이 문제를 풀기 위해 필요한 '조건'과, 그래서 지금 '구하고자 하는 값'이 무엇인지를 구분하기 어려워합니다. 그런 학생들의 대표적인 문제 풀이 형태를 보면, 해당 문제에 나오는 숫자를 무작정 더하거나, 곱하거나, 빼거나, 나눕니다.

거짓말 같나요? 아이의 문제집이나 노트를 확인해 보세요. 식 없이 숫자 몇 개가 적혀 있을 뿐이라면 지금 당장 아이의 풀이 습관을 고쳐야 합니다.

2. 해설지를 통해 논리력을 점검할 것!

해설지 사용을 걱정하는 학부모님이 많습니다. 이해합니다. 해설지를 쥐어 주면 잔꾀를 부리는 학생들이 분명히 있으니까요. 하지만 그럼에도 불구하고 학생들의 수학적 논리력(수학적 사고력)을 키우기 위해서는 해설지를 사용하는 것보다 나은 대안은 별로 없습니다.

수학적 논리력이 우수한 학생들은 문제를 풀이하는 과정에 '논리적 비약'이 없고, '왜 이런 식이나 값이 나오는지 정확히 이해'하고 있으며, 이 문제에서 내가 '무엇이 부족했는지'를 빠르게 잡아냅니다. 이 3가지 능력은 고등학교에서 '킬러 문제'를 풀 수 있는 아이와 풀지 못하는 아이를 가르게 되는 핵심 역량으로 단기간에 함양할 수 있는 것이 아니라서 중학교 때부터 미리 연습을 해야 합니다.

올바른 해설지 사용을 위해서는 우선 아이에게 문제를 풀 때 체크하는 법을 알려 주어야 합니다. 모르는 문제가 나왔다면 '왜 내가 이 문제를 풀지 못했는지'를 문제의 하단에 적습니다. 어디서부터 막혔는지, 어떤 문장이 이해가 안 됐는지, 맞다고 생각하고 풀었는데 정답이 아니었다든지 하는 것들입니다. 그리고 해설지를 통해 내가 부족한 부분을 메워 나가는 겁니다. 즉 메타인지를 활용한 학습법이지요.

여기서 잠깐, 메타인지란 중위권과 상위권을 가르는 핵심 키라고도 불리는데, '아는 것을 정확히 안다고 말할 수 있고, 모르는 것을 모른다고 분별할 수 있는 역량'입니다. 내가 무엇을 어떻게, 얼마나 모르는지를 아는 그때가 도약을 위한 발판이 되는 순간입니다.

3. 테스트는 반드시 단원을 섞어서 확인할 것!

대부분의 학생이 수학 공부를 하면서 테스트를 볼 때면 최근에 내가 배운 '단원'을 중심으로 확인을 하곤 합니다. 1단원이 끝나면 1단원 테스트를, 2단원이 끝나면 2단원 테스트를 보는 식이지요.

하지만 중학교 때부터는 더 이상 이런 식의 테스트로는 자신의 진짜 실력을 파악하기 어렵습니다. 초등학교 시절부터 쌓아 온 수학 학습량에 중학교에서 새로 배운 내용들이 합쳐지면 문제의 형태는 2단원에 출제되는 문제처럼 보이는데 사실 풀이의 핵심 키는 1단원에 있는 경우가 왕왕 있거든요.

그러나 대다수 문제집의 '단원 마무리 문제'들은 각 단원의 개념을 정확히 알고 있다면 풀 수 있는 문제들로 구성되어 있어서 실제 학교 내신이나 고등학교에서 접하게 되는 모의고사 및 수능 문제와 괴리가 있습니다.

또 중학교 때부터 등장하는 정기고사는 초등학교 단원평가와 달리 여러 단원이 시험 범위로 묶입니다. 학교 시험 문제는 1번부터 5번까지는 1단원, 2번부터 10번까지는 2단원, 이런 식으로 구성되지 않습니다. 무작위 배열이지요.

그런데 문제집의 단원 평가는 그 자체로 아이들에게 힌트를 주고 있습니다. "지금 이 문제는 1단원 마무리니까 1단원에 나온 것들로 푸는 거야. 알겠지?"라고 말이에요.

정말 많은 학생이 이 무작위 배열에 대한 경험이 부족해서 첫 중등 정기고사를 망치곤 합니다. 그러니 연습이 필수겠지요?

고교 블라인드 제도,
실효성이 있을까?

2021년부터 고교 블라인드 제도가 시행되었습니다. 고교 블라인드 제도는 대학 입시에서 학생부 등의 자료를 제출할 때, 출신 고등학교나 지역과 같은 학업 외적인 요소로 인해 아이들에 대한 선입견이 생기는 것을 막겠다는 취지로 어느 학교 출신인지 혹은 어느 지역 출신인지를 모두 서류에서 삭제하고 대학에 전달하는 제도를 말합니다.

블라인드 제도가 시행되기 이전에는 특목고나 자사고, 그리고 학군지에 위치한 일반 고등학교 출신 학생들을 대학 측에서 보다 경쟁력 있는 학생으로 보는 일종의 고교 서열화가 암암리에 존재했습니다. 풀어서 이야기하면 특목고에서 3등급을 받은 학생, 자사고나 학군지에서 3등급을 받은 학생, 비학군지의 일반고에서 3등급을 받은 학생이 모두 똑같은 실력을 가지고 있지는 않을 거라고 생각했다는 것이지요.

고교 서열화는 여러 가지 부작용을 낳았습니다. 지나친 학군지 열풍부터 명문고에 입학하기 위한 선행 학습의 과열화 등 점점 입시를 준비하는 연령대가 낮아졌고 더 이상 두고 볼 수만은 없는 상황이 된 것입니다.

블라인드 제도 시행이 예고되면서 학생들과 학부모님들은 고등학교를 선택할 때, '그렇다면 굳이 학업 수준이 높아 경쟁이 치열한 학교에 입학할 필요가 있을까?'라는 생각을 하게 되었습니다. 블라인드 제도 시행으로 내신등급이 중요해졌으니 소위 '만만한 학교'로 진학하여 내신등급을 잘 받겠다는 결정을 하기도 했지요.

하지만 정말로 출신 지역과 학교 이름을 삭제하는 것만으로 해당 학교의 전반적인 학업 성취 수준을 아는 것이 불가능한 일일까요? 그렇지 않습니다. 학교의 수준을 파악할 수 있는 방법은 여러 가지가 있습니다.

첫째, 이수 과목을 확인하는 것입니다.

대학 측은 학생들이 어떤 교과목을 고등학교 3년 동안 이수했느냐를 살펴봄으로써 특목고인지 일반고인지 바로 구분할 수 있습니다. 앞서 설명한 것처럼 특목고의 커리큘럼은 자사고를 포함한 일반고와 매우 달라서 전문 교과 개설 상황이 매우 큰 차이를 보입니다. 게다가 전문 교과 이수 시, 성적 평가 방식이 일반고와 달리 9등급 상대평가

이기 때문에 성적만 보더라도 곧바로 특목고 학생 여부를 구분할 수 있다는 것이지요.

그렇다면 자사고를 포함한 명문 일반 고등학교와 평범한 일반 고등학교는 구분이 가능할까요?

완벽하지는 않지만 어느 정도는 구분할 수 있습니다.

자사고를 비롯한 명문 일반고, 과학중점고 등 보편적으로 학업 결과가 보다 좋은 학교들의 경우 진로 선택 과목과 전문 교과목이 다양하게 개설되는 편이기 때문입니다. 또 수능을 대비하기 위한 방편으로 수능 필수 과목들의 대다수를 2학년 때 편성하는 경우도 많고, 3학년 1학기는 내신 부담을 덜어 주기 위해 대부분 상대평가가 아닌 진로교과로 시간표를 구성하기도 합니다.

이러한 특징을 알고 있는 사람들이라면 과목을 이수한 학기를 살펴봄으로써 유추가 가능하지요.

둘째는 표준편차를 확인하는 것입니다. 고등학교의 성적표를 먼저 보시죠. 학교생활기록부에는 다음과 같이 성적이 기록됩니다.

교과	과목	단위 수	원점수/과목 평균 (표준편차)	성취도 (수강자 수)	석차등급
수학	확률과 통계	2	71/52.3(23.4)	C(210)	4
영어	영어	4	93.4/61.7(25.1)	A(340)	2

교과목이 속한 과목 군, 과목의 이름, 단위 수, 원점수와 과목 평균,

표준편차와 성취도, 석차등급까지 모두 기록되지요.(진로 교과 등 석차 등급이 나오지 않는 과목도 있습니다.) 여기서 우리가 주목할 것은 표준편차입니다.

간혹 학교 시험의 난이도나 학생들의 우수함을 확인하기 위한 방편으로 과목 평균의 높고 낮음을 따지는 경우가 있습니다. 하지만 과목 평균으로는 알 수 있는 정보가 상당히 제한적이며, 잘못된 결론을 낼 가능성도 높습니다.

과목 평균이 높다고 해서 반드시 시험이 쉬웠다고 볼 수는 없습니다. 예를 들어, 외국어고등학교에서 영어 과목의 학교 평균은 80점대 중반에서 90점대가 넘어가는 경우도 가끔 나올 정도로 평균 자체는 굉장히 높은 편입니다. 하지만 실제 시험 난이도는 결코 만만치 않은 수준이지요. 다만, 외국어고등학교의 특성상 영어를 좋아하고 잘하는 학생들이 워낙 많다 보니 자연스럽게 어려운 난이도에도 불구하고 학교 평균이 높아지는 것입니다.

반대의 경우도 있습니다. 예전 부모님 세대 때는 실업계 고등학교라고 불렸던 특성화 고등학교의 경우 학업보다 실습 등에 더 집중하는 학생들이 상대적으로 많다 보니 교과목의 학교 평균 점수가 낮아지는 일이 많습니다. 하지만 평균 점수가 낮다고 해서 시험이 객관적으로 어려웠다고 평가할 수는 없습니다.

그렇기 때문에 학교의 평균적인 학업 수준을 알기 위해서는 평균 점수만 볼 것이 아니라 반드시 표준편차도 함께 확인해야 합니다.

표준편차는 각각의 학생이 평균에서부터 얼마나 넓게 분포되어 있느냐를 보여 주는 수치입니다. 표준편차가 0에 가까워질수록 거의 모든 학생이 평균에 몰려 있다는 뜻이며, 숫자가 커지면 커질수록 학생들의 성적 분포가 넓게 퍼져 있다는 의미입니다. 즉 표준편차가 작은 학교의 경우에는 전교생들의 실력이 비교적 균일하다고 볼 수 있습니다.

평균과 표준편차를 활용하여 학교의 분위기를 엿볼 수 있도록 함께 연습해 보겠습니다.

구분	학생 선발권이 있는 자사고 A	평준화 지역 일반 명문고 B	평준화 지역 일반고 C
평균	82.7	46.0	62.1
표준편차	10.9	17.7	22.1
전문대 진학 비율	0%	7.4%	29.4%

위의 표는 각기 다른 특징을 가지고 있는 3개 학교를 임의로 선정하여 각 학교 학생들의 1학년 수학 평균 점수와 표준편차, 그리고 해당 연도의 졸업생 전문대 진학 비율을 정리한 것입니다.

먼저 A학교를 봐 주세요. A학교는 학생 선발권을 가지고 있는 자율형 사립 고등학교로 우수한 학생들이 모여 서로 동기부여를 하며, 학습 분위기가 잘 잡혀 있는 것으로 유명한 곳입니다.

수학 점수 평균이 82점에 달할 정도로 매우 높으며(고등학교에서 평균이 80점이 넘는 경우는 손에 꼽습니다.) 표준편차 역시 10.9 정도로 아주 낮은 편입니다. 특목고와 자사고가 보통 표준편차가 5~15로 형성된다는 것을 감안하면 어느 정도 수치가 높고 낮은 것인지 가늠할 수 있습니다.

자, 다시 말해 평균이 높고 표준편차가 낮은 학교는 학습 분위기가 잘 조성되어 있어서 대부분의 학생이 학업을 포기하지 않고 다함께 노력하여 높은 점수를 받으며, 학생들 간의 실력 차이도 크지 않습니다. 단, 이 경우에는 전교생의 대다수가 나와 비슷한 성적을 받고 있다는 뜻이기 때문에 내신 관리가 매우 치열해집니다.

다음은 B학교입니다. B학교는 평준화 지역에 위치한 일반고이기 때문에 학교가 학생들을 입맛대로 선발할 수 없습니다. 소위 뺑뺑이라고 이야기하는 추첨 방식으로 신입생이 결정됩니다. 그런데 이 학교는 평균이 유달리 낮은 편인 것이 보이나요? 그런데 평균은 낮지만 표준편차도 낮습니다. 보통 표준편차가 20 미만인 학교들은 학생들의 평균 실력이 균일한 편이라고 여겨집니다.

그런데 B학교의 표준편차는 17에 불과합니다. 특목/자사고만큼은 아니지만 학생 선발권이 없다는 것을 감안했을 때 이 정도 수치는 지역의 명문고라고 불리기에 손색이 없는 학교라고 해석해야 합니다.

또 하나 더 이를 뒷받침해 주는 것은 바로 전문대 진학 비율입니다. 평범한 일반고의 경우 전문대 진학 비율이 보통 20~30% 정도 됩니다. 하지만 B학교의 경우 전문대 진학 비율이 10% 미만으로, 대다수 학생의 눈높이가 높게 형성되어 있다는 점을 알 수 있습니다.

정리하자면 B학교의 학생들은 평균적인 학습 수준이 비슷하고, 시험이 어려운 편이며, 목표치가 높다고 할 수 있습니다. 즉 이 학교에서 상위권인 학생들은 평범한 일반고 학생들 대비 학업 역량이 보다 우수할 것이라고 평가받을 수 있다는 의미입니다.

마지막으로 C학교입니다. 우리가 가장 흔하게 볼 수 있는 유형의 학교입니다. 학교 평균 점수는 62점으로 고등학교에서 이 정도 평균은 아주 일반적인 난이도라고 볼 수 있고, 표준편차도 마찬가지입니다.

평범한 고등학교에서 수학 시험의 표준편차는 보통 20~23 정도인데 만약 25를 초과한다면 해당 학교는 학업 분위기가 전반적으로 잘 잡혀 있다고 보기는 어렵습니다. 100점에 가까운 아이도 많고, 0점에 가까운 아이도 많다는 뜻으로 '공부를 하는 그룹만 열심히 하는 분위기'라고 평가될 위험이 있기 때문이지요.

성적 외에도 비교과(동아리, 진로, 자율 활동 등) 활동으로 어느 정도 학교를 구분하는 것은 가능합니다. '이 학교는 A 지역에 있는 B 자사고다.'라고 정확하게 짚어낼 수는 없지만, 앞서 이야기한 학생부의 다른 항목들과 함께 종합하여 살핀다면 특목고인지, 명문고인지, 일반고인지는 얼마든지 가려낼 수 있습니다.

따라서 블라인드 제도가 시행되는 것은 사실이지만 명문고와 일반고 사이의 간극이 줄어들었다고 보는 것은 위험합니다. 오히려 블라인드 제도 시행 이전에는 일부 대학은 학생들에게 주어진 여건이 모두 다르다는 것을 감안하여 명문고 학생들에게는 내신을 좀 더 너그

럽게 평가하던 것처럼 일반고 학생들 역시 비교과 활동 수준을 어느 정도 감안해 왔습니다.

실제로 블라인드 제도가 시행되자 주요 대학들은 "지금까지는 각 학교의 교육 환경과 여건을 고려해 학생들을 평가해 왔는데 이제 일반고 학생들이 주어진 환경에서 얼마나 치열히 노력했는지를 확인할 수 없게 되었다."고 말하기도 했습니다.

즉 블라인드 제도가 시행되면서 일반고 학생들 중 상위권 학생들은 오히려 상위 대학에 가기 위해 비교과 활동 수준을 명문고 수준으로 만들어 나가야 경쟁력을 가질 수 있게 된 것입니다.

입시에서 한쪽에 반드시 유리하게만 작용하는 것은 없습니다. 그러니 학생과 학부모님들은 우리 아이에게 '유리한 학교'를 찾는 것보다 '실보다 득이 큰 학교'를 찾는 것으로 마인드를 바꿔야 합니다.

자소서 폐지!
득일까, 실일까?

2024 대학 입시부터 대부분의 대학에서 자기소개서가 폐지됩니다. 매년 수시 원서 작성 마감을 앞둔 여름방학 기간 동안 학생부와 자기소개서를 붙잡고 씨름하던 고3 학생들을 생각하면 속이 시원하기도 했다가, 자기소개서 없이 학생부만으로 평가를 받게 될 학생들을 생각하면 속이 답답해지기도 합니다.

　자기소개서 폐지가 확정되면서 부담이 줄었다며 즐거워하는 2005년생 이하 학생이 많았습니다. 대체 이 자기소개서가 뭐기에 학생들을 그렇게 울렸던 것일까요?

1번	고등학교 재학 기간 중 학업에 기울인 노력과 학습 경험에 대해 배우고 느낀 점을 중심으로 기술하세요.	1,000자
2번	고등학교 재학 기간 중 본인이 의미를 두고 노력했던 교내 활동을 배우고 느낀 점을 중심으로 3개 이내로 기술하세요.	1,500자
3번	학교생활 중 배려, 나눔, 협력, 갈등 관리 등을 실천한 사례를 들고, 그 과정을 통해 배우고 느낀 점을 기술하세요.	1,000자

학생들을 괴롭히던 대입 자소서의 3가지 공통문항입니다. 여기에 일부 대학들은 대학별 자율문항인 4번을 추가하여 지원 동기 혹은 학업 계획을 추가로 물어보기도 했지요.

자기소개서 3,500자를 쓰기 위해 학생들은 3년 동안 자신의 학교생활이 고스란히 담긴 학교생활기록부를 수도 없이 읽고 또 읽어야 했습니다. 자기소개서의 소재는 학생부에 기록된 내용에서 가져와야 했기 때문입니다. 이 과정에서 많은 이이가 자기 학생부의 약점을 보완하고 강점은 두드러지게 하기 위해 자기소개서에 더 구체적인 활동 내용을 덧붙이고, 느낀 점과 배운 점을 강조하려 후속 연계 활동이나 성장한 모습을 보여 주려 애를 썼습니다.

당연히 진로와 전공 학업에 대한 의지를 드러내기도 했고, 성적이나 활동이 부족한 학생들은 부족한 약점을 극복하기 위해 얼마나 많은 노력을 해 왔는지 설명하기도 했습니다. 즉 자기소개서는 귀찮은 추가 서류가 아니라 학생들의 부족한 학생부를 보완할 수 있는 또 한 번의 기회였던 것이지요.

하지만 이미 자소서 폐지는 확정되었기 때문에 우리는 바뀐 환경에 적응을 해야 합니다.

자소서 폐지로 인해 가장 불리해진 학생들은 학생부 기록 방법을 잘 숙지하지 못해서 구체적이고 명확하지 않은 기록으로 학생부를 채운 아이들입니다. 여기서 '구체적이고 명확하지 않은 기록'이란 어떤 것을 말하는 것일까요?

아래 표를 한 번 보겠습니다.

스스로 부족하다는 생각이 들면 용어부터 정확하게 정리하고 관련된 교과 내용을 확인하는 바른 학습습관을 가지고 있음. '모두가 공평한 사회는 가능할까?'라는 주제로 탐구보고서를 작성한 뒤 활동 결과를 발표하고 공유하여 의견을 나누는 시간을 가짐.

이 내용은 실제 학생의 학생부 내용을 변형한 것입니다.

사회 과목에 흥미를 느끼는 학생이었고, 성실히 노력하는 모습을 인정받아 선생님들도 평가 기록을 신경 써 주시려고 했습니다. 하지만 위의 기록을 읽고 이 기록의 주인인 학생이 어떤 모습인지 구체적으로 상상이 되지는 않습니다. 좋은 말인 것 같기는 하지만 어쩐지 약간 뜬구름 잡는 듯한 느낌이 들지 않나요? 이유가 무엇일까요?

맞습니다. 여기에는 활동의 형태는 있지만 알맹이가 빠져 있습니다.

• 스스로 부족하다는 생각이 들면 용어부터 정확하게 정리하고 관련된 교과 내용을 확인하는 바른 학습 습관을 가지고 있음. **'최대 다수의 최대 행복은 반드시 옳은가?'라는 주제로 탐구보고서를 작성한 뒤 활동 결과를 발표하고 공유하여 의견을 나누는 시간을 가짐.**
• 비용과 편익 분석이 양적 공리주의의 대표적인 문제라는 지문을 이해하는 과정에서 벤

담과 밀의 공리주의를 비교하여 정리함. 이후 샌델의 『정의는 무엇인가』를 읽으며 소수의 권리와 의견을 무시하고 얻은 다수의 행복은 이성적이고 합리적인 선택이라고 볼 수 없다고 생각하게 됨. 이를 바탕으로 '최대 다수의 최대 행복은 반드시 옳은가?'라는 주제로 탐구보고서를 작성하며 복지의 올바른 방향성을 고민하는 계기로 삼음.

두 번째 기록과 한 번 비교해 보시기 바랍니다.

실제로 해당 학생은 자기소개서를 통해 자신이 가지고 있는 '바른 학습 습관'의 구체적인 예시를 제시하고, 탐구보고서를 작성하게 된 계기인 자발적 독서 활동을 추가했으며, 보고서의 내용과 진로에 대한 고민까지 모두 드러냈습니다.

기록이 명확해지면서 우리는 이 학생이 어떤 지점에서 고민을 가지고 있었으며 의문을 해결하기 위해 얼마나 치열하게 노력했는지를 간접적으로 알 수 있습니다. 어떤 학생에게 갖다 붙여도 될 법했던 기록이 드디어 이 학생만의 특징적 기록으로 바뀐 것입니다.

자기소개서가 학생부 기록을 어떻게 보완해 왔는지 가늠이 되나요?

이제 학생들은 학생부 기록을 더욱 철저하게 챙겨야 합니다. 더 이상 보완할 수 있는 서류가 없으니까요.

물론 학교생활기록부는 선생님이 적어 주시는 것으로 학생이 직접 개입할 수 있는 여지는 별로 없습니다.

그러나 대다수의 선생님은 학생들의 세세한 활동 내용이나 학습 고민, 수업을 하며 느끼고 배운 점 등을 모두 기억하는 것이 불가능함을 알고 계시고, 그 때문에 학기 혹은 학년이 끝나는 시점이 다가오면 '자기평가서'와 같이 내가 이 수업을 들으면서 어떤 내용을 배우고 익혔는지에 대해 작성하여 제출하도록 안내를 하는 경우가 많습니다.

기록에 참고하기 위한 자료를 제출하라고 공식적으로 말씀하지 않는 선생님들도 학생이 수업에 참여하며 발표했던 자료나 토론 결과물, 학습 수행 과제 등의 포트폴리오는 기꺼이 받아 주기 때문에 수시학생부종합전형 등을 준비하고 있다면 제출 여부에 대해 허락을 미리 받아 둘 필요가 있습니다. 당연히 이 기록에는 내가 왜 이 활동을 했는지에 대한 동기와 활동 과정, 활동 결과, 느낀 점이 포함되어 있어야 합니다.

수시 원서 구성의
원칙

한때는 수시 원서를 20개, 30개 써도 되는 시절이 있었습니다. 원서비만 감당이 된다면 100개를 써도 전혀 상관이 없었습니다. 하지만 요즘은 좀 다릅니다. 사관학교나 카이스트, 전문대학 등 특수대학을 제외한 일반 대학의 경우, 쓸 수 있는 수시 원서는 최대 6장으로 한정된 상태입니다.

최대로 쓸 수 있는 원서가 정해진 탓에 고3이 된 학생들은 수시 원서를 쓸 때면 어디에 써야 할지 원서 구성 때문에 하루에도 수십 번씩 마음이 오락가락하고, 학부모님 역시 하루에도 열두 번씩 불안감이 울컥울컥 올라온다고 토로합니다. 혹시라도 모두 떨어지면 어떻게 하나 하는 걱정 때문에 입시 컨설팅 업체의 문을 두드리는 경우도 많습

수시의 대표적 전형 종류

니다.

이번에는 수시 원서를 구성하는 원칙 2가지를 설명하겠습니다.

수시 원서를 쓸 고3 학생들이 가장 먼저 고려해야 할 것은 다름 아닌 '재수 여부'입니다.

좀 당황스러우신가요? 하지만 재수 여부를 가장 먼저 결정하지 못한다면 상향/적정/하향 지원 중 상향과 하향 지원을 몇 장 할 것인가를 결정할 수 없습니다.

만약 '나는 죽어도 재수는 안 해. 이 지긋지긋한 수험생 생활을 1년을 더 하라고? 난 못해. 무조건 올해 안에 대학을 갈 거야!'라고 다짐한 수험생이라면 당연히 적어도 1장은 반드시 붙을 수 있게 하향 지원을 해야 합니다. 당연해 보이는 말이지만 이 당연한 것을 하지 못해 수시 지원 전략에 실패하는 학생이 매우 많습니다.

학생들은 나의 내신과 학생부로 이 정도면 '적당하다.'고 여겨지는 대학들을 3~4군데 지원하기로 결정하면 '이 중에 하나는 붙겠지.'라고 여깁니다. 그래서 남은 2~3장의 여유분은 상향 지원을 하는 모습을 많이 목격합니다.

그러나 수시에서 '적정하다.'는 뜻은 '붙을 확률이 높은 편이지만 확정이라고 말할 수는 없고 늘 변수가 있다.'라는 의미입니다. 특히 학생부종합전형은 학생 개인의 판단으로 적정선을 잡기가 매우 어렵습니다. 내신등급과 수능 최저등급 정도를 확인하면 되는 수시 교과전형이라면 최근 2~3년간의 합격자 내신등급 컷을 확인하면 합격 여부를 대략적으로 유추할 수 있습니다.

하지만 학생부종합전형은 다릅니다. 학종은 '정성평가'라고 불리는데 이는 내신등급뿐 아니라 동아리 활동, 진로 활동 등은 물론이고 각과목 선생님들의 평가와 기록도 모두 함께 살피는 전형으로 합격자 내신 커트라인을 확인하고 나의 내신 점수가 그 안에 들어온다고 하더라도 합격을 보장할 수 없습니다. 합격자들의 학생부 내용과 나의 학생부 내용을 비교해 볼 수 없기 때문입니다.

이런 이유로 재수를 하지 않겠다고 결정한 학생이라면 안정~하향 지원으로 '교과전형'을 써야 합니다. 합격을 예측할 수 있는 사실상 유일한 전형이 교과전형이기 때문입니다. 간혹 경쟁률이 예상외로 높아지거나 하는 해에는 운이 없다면 안전하다고 여겨졌던 내신에도 불구하고 탈락하는 경우가 있기 때문에 교과전형도 1장이 아닌 2장 이상을 포함해야만 합니다.

재수 여부를 결정함으로써 상향, 적정, 하향의 3가지 원서 지원 눈높이 구성을 마쳤다면 이제는 어떤 전형을 몇 개씩 지원할 것인지를 결정해야 합니다.

수시에는 교과전형, 종합전형, 논술전형, 특기자전형, 실기전형 등 수많은 전형이 존재합니다. 이 중 교과와 종합 논술을 두고 흔히 3대 수시 전형이라고 이야기합니다. 전체 대학을 기준으로 하면 교과전형으로 뽑는 학생 수가 가장 많지만, 15개 주요 대학으로 범위를 좁히면 종합전형이 가장 많고, 교과와 논술이 그 뒤를 따릅니다.

각 수시 전형은 특징이 있습니다. 주요 대학의 교과전형은 내신등급과 출결 사항에 수능 최저등급 여부를 묻는 것이 대부분이며, 동아리 활동 등 비교과 요소는 반영하지 않는 학교가 많습니다.

종합전형은 내신을 포함한 학생부를 낱낱이 뜯어 살피지만 수능 최저등급 기준이 없는 곳이 많고 논술전형은 명목상으로는 내신과 출결 점수 등이 필요하지만 실질 반영률은 얼마 되지 않아 사실상 논술 시험을 잘 치르고 수능 최저등급 기준을 맞춘다면 합격에 문제가 되지 않습니다.

수시 전형이 이렇게 다양하다 보니 학생들은 수시 지원 원서의 전형 구성을 하는 데도 애를 먹곤 합니다. 그런데 이때 많은 학생이 전형 구성의 기준을 '내신등급'으로 잡을 때가 많습니다. 내신등급이 비교적 낮은 학생들은 교과전형에 대한 가능성이 희박하다고 여기고 종합전형을 중심으로 수시 지원을 합니다. 반대로 내신등급이 높은 학생들은 교과전형이 유리하다고 보고 교과전형을 중심으로 원서를 작성하지요.

얼핏 당연한 일처럼 보이지만 그렇지 않습니다.

	교과 합격자 내신 70% 컷	학종 합격자 내신 70% 컷
생명공학과	1.07	1.52
건축학부	1.46	1.87
국어교육과	1.15	1.77
정치외교학과	1.45	2.52

위의 표는 2022 한양대학교 수시 합격자의 내신 70% 커트라인입니다. 합격자를 10명이라고 했을 때 7등으로 합격한 학생의 내신 점수를 뜻합니다.

만약 내신 평균 등급이 2.2등급인 학생이 있다고 생각해 봅시다. 이 학생이 한양대 정치외교학과의 학종 합격자 내신 커트라인이 2.5등급인 것을 보고 '아, 내 점수는 안전하니까 합격 가능성이 높겠구나.'라고 생각해도 될까요?

학종에서 등급은 수많은 채점 요소 중 하나입니다. 내신등급이 높다면 당연히 유리하지만 내신등급만 좋다면 6학종 6탈락의 고배를 마시는 학생도 흔합니다.

원서 전형을 구성할 때 가장 큰 기준점은 내신등급이 아니라 학생부의 상태입니다. 학생부 상태, 즉 학생부가 잘 관리되지 않은 학생이라면 내신등급과 관계없이 학종 합격 가능성은 희박해집니다. 다시 말하지만, 학생부종합전형은 내신만으로 합격할 수 있는 전형이 아닙니다.

따라서 수시 전형을 결정할 때는 가장 먼저 내 학생부 상태를 살피고 학종 가능성을 객관적인 시선으로 바라볼 필요가 있습니다.

학생부 내용과 내신등급에 따라 학생들은 4가지 경우로 나눌 수 있습니다.

A. 학생부가 꼼꼼하게 작성되었고, 내신등급도 좋은 학생

B. 학생부 기록이 아쉽지만, 내신등급은 좋은 학생

C. 학생부가 꼼꼼하게 작성되었지만, 내신등급은 아쉬운 학생

D. 학생부 기록이 아쉽고, 내신등급도 아쉬운 학생

A에 해당하는 학생은 모의고사 성적을 고려하여 수능 최저등급 충족 여부를 먼저 살핀 뒤 교과전형과 종합전형을 비슷한 숫자로 구성할 수 있습니다. 먼저 하향~적정선의 교과전형을 2~3개로 구성한 뒤 종합전형을 3~4장 쓸 수 있습니다. 3년간 노력해 온 만큼 가장 합격 확률이 높은 학생입니다.

B에 해당하는 학생은 종합전형을 3장 이상 쓰는 것이 무리입니다. 교과전형을 최소 3장에서 5장까지 구성할 수 있고, 종합전형은 1~2장에 그치는 것이 좋습니다.

아무리 내신이 좋다고 하더라도 학생부 관리가 미흡하다면 차라리 교과전형의 합격 가능성이 더 높습니다. 간혹 1점대 후반~2점대 초반 내신을 가진 학생들이 상위권 대학의 교과전형은 어려울 것 같다는 이유로 종합전형에 올 인을 하는 경우를 자주 보는데 이는 매우 위험

합니다. 상위권 대학일수록 내신과 비교과가 모두 좋은 학생들이 대거 종합전형에 지원하고 있다는 사실을 잊어서는 안 됩니다.

C에 해당하는 학생은 교과전형보다는 종합전형 위주의 원서 구성이 필요합니다. 하지만 이때 내신 성적이 학년이 지날수록 하향세를 보였다거나 지원하는 학과 관련 교과목을 따로 떼어서 계산한 평균 내신이 좋지 못하다면 종합전형 역시 가능성은 낮아집니다. 종합전형을 중심으로 원서를 쓰되 수능 공부, 즉 정시 대비가 필요합니다.

D에 해당하는 학생은 사실상 교과와 종합이 모두 어렵습니다. 논술전형을 노리거나 눈을 낮춰 교과전형 하향 지원을 하는 수밖에 없습니다. 내신등급 대비 더 높은 대학을 가고자 한다면 답은 수능입니다. 특히 중·하위권 학생들은 과목당 2문제씩만 더 맞히면 지원할 수 있는 대학 라인이 크게 달라지기 때문에 마지막의 마지막까지 수능 대비를 해야만 합니다. 1등급을 받는 것이 목표가 아니라 2문제를 더 맞히는 것이 목표라는 사실을 꼭 기억하세요.

대학이 원하는 인재상은
전형마다 다르다

"선생님, 학생부 관리가 잘되어 있다는 건 어떻게 알 수 있어요?"

학생부종합전형을 준비하는 학생들과 학부모님들은 학생부 관리의 중요성은 인식하고 있지만 잘된 것과 그렇지 않은 것을 구분하는 것이 힘들다고 말합니다. 내신 평균 등급이나 수능 점수처럼 정량화하기 어려운 질적 평가이기 때문에 고민은 깊어지곤 하지요.

자, 여기서 질문을 하나 하겠습니다. 학생부종합전형에서는 학생들을 어떻게 평가할까요?

지원자들의 서류를 보고 그저 감으로 좋다, 나쁘다 평가할 수는 없는 노릇이니 분명 채점의 근거가 있을 겁니다. 채점 항목은 대학마다 모두 다릅니다. 각 대학은 자신들이 원하는 인재상이 있고, 원하는 인

재를 뽑기 위해 '우리는 이런 학생을 뽑으려고 해요.'라는 가이드라인
을 공개하고 있습니다.

국민대의 학생부종합전형 평가 항목

평가영역	평가항목	평가 주요 내용
자기주도성 및 도전정신	자기주도성 (30)	·고등학교 생활에 적극적으로 참여하고 성장하였는가? - 수업 활동, 교내 활동 ·자신의 역량 강화를 위해 스스로 노력하고 성취를 이루었는가?
	발전가능성 (20)	·다양한 여건 속에서 포기하지 않고 노력·발전하는 모습이 보이는가? ·고등학교 생활 전반에 걸쳐 발전적 변화의 모습이 우수한가?
전공적합성	전공잠재력 (25)	·진로탐색을 위해 어떠한 노력을 하였고 그 성과는? ·지원전공 특성에 맞는 역량이 있는가?
	학업능력 (15)	·대학 학업 이수에 필요한 기초 학업능력을 갖추고 있는가? ·지원전공에 대한 이해와 학업능력이 어느 정도인가?
인성	공동체의식 및 협동능력(10)	·공동체 활동에서 나눔·배려·협력의 관계를 실천할 수 있는가? ·고등학교 생활을 성실하게 수행했는가?

국민대는 자기주도성과 도전 정신, 전공적합성, 인성까지 3가지 영
역을 5가지 세부 항목(자기주도성, 발전가능성, 전공잠재력, 학업능력, 공동체
의식 및 협동능력)으로 나눈 뒤, 각 세부 항목별로 여러 가지 물음을 던
지고 그에 맞춰 점수를 매기고 있습니다.

표에서 볼 수 있는 것처럼 학업역량은 전체의 15%를 차지하는 항목
으로 우리가 흔히 생각하는 것보다 높지 않으며, 학업능력도 내신등
급만을 두고 점수를 결정하는 것이 아니라는 것을 확인할 수 있습니
다. 지원한 학과 관련 교과목들과 기초 학업역량(국·영·수 주요 과목)을

보기 위한 것으로 내신등급을 포함하여 원점수, 학교 평균은 물론 각 과목 선생님들의 평가 등이 모두 포함되는 물음입니다.

단국대의 학생부종합전형 평가 항목

평가요소	평가항목	평가내용	반영비율(%)
학업역량	학업성취도	·교과목의 학업성취도 수준 및 성적 추이 - 원점수, 평균, 표준편차, 수강자 수, 이수 단위를 고려한 학업성취도	20
	탐구능력	·교과활동(발표·토론 보고서 작성 활동 등)의 다양성	10
		·교과활동(발표·토론 보고서 작성 활동 등)의 적극성	10
전공적합성	전공의지	·지원전공(계열) 관련 학업성취도 수준 및 성적 추이 - 원점수, 평균, 표준편차, 수강자 수, 이수 단위를 고려한 학업성취도 ·지원전공(계열) 관련 선택 과목 이수 및 참여 현황	20
	전공 관련 활동	·지원전공(계열) 관련 활동 다양성 및 심화 확장 노력	20
인성 및 발전 가능성	성실성 및 공동체의식	·출결상황 및 단체활동 참여 정도 ·나눔 실천을 위한 지속적 봉사활동 참여 ·규칙·규정 준수 노력	10
	리더십 및 협업능력	·교내(학생회, 동아리, 모둠, 학급 등) 활동에서 목표 달성을 위해 주도한 경험 ·공동체의 목표를 달성하기 위해 협력하며, 구성원들과 합리적인 의사소통을 할 수 있는 능력	10

단국대의 평가 항목도 한 번 살펴볼까요? 평가의 세부 항목이 약간 달라졌죠? 리더십이나 전공 의지와 같은 새로운 항목들이 보이기도 하고 각 항목의 배점도 다릅니다. 이러한 채점 요소와 방식의 차이 때문에 비슷한 입결을 가졌다고 평가되는 학교에 동시 지원을 하더라도

중앙대 학종 '다빈치 전형'

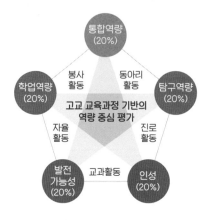

1. **통합역량(20점)** : 경험의 다양성과 깊이
2. **학업역량(20점)** : 교과 이수 상황 + 교과 성취 수준
3. **탐구역량(20점)** : 탐구 활동의 우수성 + 학업 태도와 지적 호기심
4. **발전가능성(20점)** : 자기주도성 + 공동체역량
5. **인성(20점)** : 협력활동 및 팀워크 + 성실성 및 책임감

중앙대 학종 '탐구형 인재 전형'

1. **전공적합성(30점)** : 전공 관련 교과목 이수 및 성취 상황 + 전공 관련 이해도 및 활동 수준
2. **학업역량(20점)** : 교과 이수 상황 + 교과 성취 수준
3. **탐구역량(30점)** : 탐구 활동의 우수성 + 학업 태도와 지적 호기심
4. **발전가능성(10점)** : 자기주도성 + 공동체역량
5. **인성(10점)** : 협력활동 및 팀워크 + 성실성 및 책임감

어떤 곳은 붙고 어떤 곳은 떨어지는 일이 벌어지곤 합니다.

게다가 같은 학교라고 하더라도 중앙대처럼 2가지 학생부종합전형을 유지하는 곳도 있습니다. 중앙대의 다빈치 전형과 탐구형 인재 전형은 모두 학생부를 중심으로 평가하는 학생부종합전형인데 목적이 좀 다릅니다.

다빈치 전형은 학교생활을 하며 학업은 물론 다양한 경험을 통해 균형 잡힌 성장을 이뤄 낸 학생을 뽑고자 한다면, 탐구형 인재 전형은 지원한 학과와 관련된 분야에서 심화 학습 경험을 바탕으로 탐구능력을 마음껏 뽐낸 학생을 뽑고자 합니다.

혹자는 탐구형 인재를 자사고, 특목고 전형이라고 말하며 일반고 학생들은 다빈치 전형으로 지원해야 한다고 설명하는 경우도 있는데 이는 잘못된 이야기입니다. 일반고 학생이라고 하더라도 관심 분야에 대한 깊은 애정을 바탕으로 심화 학습 및 관련 비교과 활동을 심도 있게 진행하는 학생들은 생각보다 많습니다.

특히 코로나19로 인해 등교 수업을 하지 못하고 온라인 학습이 길어지면서 많은 경우 학업의 연속성이 떨어져 학습 부진을 겪었으나, 확고한 진로 계획을 바탕으로 꾸준하게 노력한 학생들은 늘어난 자습 시간 확보를 통해 더 자유로운 활동을 한 경우가 많습니다.

따라서 학생부종합전형을 지원하고자 할 때는 지원하고자 하는 관심 대학의 채점 항목을 먼저 살피고 내 학생부에서 채점 근거를 찾아 점수를 부여하여 내게 맞는 학교를 찾거나 혹은 부족한 항목을 채우기 위해 활동을 전개해야 합니다.

　각 대학의 채점 항목은 대학 입학처의 공지사항이나 자료실에서 '모집 요강' 파일을 찾으면 확인할 수 있습니다.

모두가 알지만 여전히 부족한 문해력

언어가
사고를 지배한다

일제 강점기였던 1930년대에 우리나라 사람들은 창씨개명을 강요당해 이름을 잃었습니다. 학교에서는 한국어를 사용하지 못하게 했고, 한글 대신 일본어로 된 교과서를 사용했으며, 한글로 된 신문과 잡지는 폐간을 당했지요. 당시 일본이 우리 민족에게 한 문화 말살 정책은 우리의 언어를 탄압하여 우리 민족의 문화와 전통, 역사를 한 번에 없애려고 했던 끔찍한 범죄입니다.

그런데 왜 하필 언어였을까요? 인류학의 고전 이론 중에 사피어-워프 가설이라는 것이 있습니다. 사람들이 사용하는 언어가 사용자의 사고방식에 영향을 미친다는 이론입니다.

예를 한 번 들어볼까요? 여러분은 '증세^{增稅}'라는 단어를 보면 어떤 생각이 드나요?

세금을 올린다니 부정적인 감정이 드는 사람도 있을 것이고 세금을 올려야 하는 상황인지 냉정하게 따져보는 사람도 있을 겁니다. 어떤 사람은 증세 자체는 반대하지 않지만 필요한 일에 세금이 쓰이는지 궁금해할 수도 있고, 세금이 오르면 뒤이어 파생될 일들을 걱정할 수도 있겠지요.

하지만 단어를 조금 바꿔 보겠습니다. 이번에 제시하는 단어는 '세금 폭탄'입니다.

증세와 세금 폭탄.

의미는 사실 비슷합니다. 두 단어 모두 가지고 있는 뜻은 '세금이 오른다.'는 것인데, 여러 가지 가치 판단을 내릴 수 있었던 '증세'와 달리 '세금 폭탄'은 강한 부정적 뉘앙스를 내포하는 것처럼 느껴지시 않나요? '증세'보다 '세금 폭탄'은 훨씬 더 자극적이고 부정적이고 감정적인 반응을 촉발시킵니다. 단어가 가진 힘입니다.

이렇듯 사용하는 언어의 숫자와 수준은 그 사람의 사고의 폭을 결정합니다. 그런데 최근 우리 아이들의 언어 습관이 위험한 단계까지 도달하고 말았습니다.

'금토일, 사흘간의 황금 휴가 시작'

별로 특별할 것 없던 인터넷 기사의 제목입니다. 그런데 이 기사의

미리 세우는 내 아이 입시 전략

댓글이 화제가 되어 인터넷을 한참을 들쑤셔 놓았습니다.

"기자님, 제목 오타 났어요. 사흘이 아니라 삼흘이에요."
"요새 기자는 아무나 하나 보네. 3일인데 사흘이란다."

이 댓글들은 '좋아요'를 많이 받아 베스트 댓글로 선정된 것이었는데 당황스럽지 않으신가요? 요즘 사람들의 어휘력이 어느 정도 수준까지 떨어졌는지를 알려 주는 사건이었습니다. 이와 비슷한 일은 요즘 심심찮게 벌어지고 있습니다.

어디서는 '밥 한 술 뜨다.'라는 표현을 두고 '왜 술을 마시느냐.'는 동문서답을 하고, '심심한 사과를 드린다.'는 용서를 구하는 글에는 '사과를 하면서 왜 심심하다고 하느냐, 사과를 하기 싫으면 말아라.'고 화를 냅니다.

심지어 '성함'이나 '병결', '금일' 같은 단어를 모르는 성인들을 직장이나 학교에서 마주할 때마다 머리가 아프다는 고백이 줄줄이 이어지기도 합니다.

만약 아이의 어휘력이 부족하다는 것을 발견했다면 학부모님들은 긴장해야 합니다. 아직 나이가 어리고 다양한 어휘 경험이 쌓이지 않은 것이라면 언어 노출을 통해 앞으로 점차 성장해 나가겠지만 만약 아이의 어휘력 부족이 언어 습관의 배드 사이클에 들어선 징후라면 경계를 해야 합니다.

5장 모두가 알지만 여전히 부족한 문해력

언어 습관의 배드 사이클

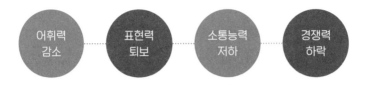

어휘력 감소 ········ 표현력 퇴보 ········ 소통능력 저하 ········ 경쟁력 하락

언어 습관의 배드 사이클에 들어서는 첫 번째는 어휘력 감소 단계입니다. 어휘력을 충분히 발달시키지 못한 아이들은 언어 자극이 부족한 환경이었을 가능성이 높습니다. 꼭 책을 가까이 하지 않는다고 하더라도 다양한 사람과 다양한 주제로 이야기를 나누거나 여러 형태의 텍스트 경험이 쌓인 아이들은 어휘력을 발달시키는 데 큰 문제를 느끼지 않습니다.

어휘력이 감소한 아이는 다음 단계로 표현력이 퇴보합니다. 가뜩이나 가용 어휘력이 약한 상황에서 이모티콘을 통해 감정을 전달하고 SNS와 인스턴트 메시지를 통한 단문 위주의 대화 습관은 아이들이 상황에 맞는 단어와 표현을 고르는 연습을 방해합니다.

표현력이 떨어지는 아이들은 기쁘거나 놀랐거나 행복하거나 감탄하는 모든 상황에서 '대박!'이라는 감탄사를 내뱉을 뿐입니다. 또 화가나거나 속상하거나 억울하거나 서운함을 느끼는, 비슷하지만 다른 상황에서 "짜증 나!"라는 외마디 비명 같은 말만 토해 내기도 하지요.

이런 언어 습관을 고치지 못한 아이들은 갈수록 말의 논리력이 부족해지고 다른 사람을 설득하는 데 어려움을 겪으며, 보다 많은 정보를 교류하는 데 어려움을 겪습니다. 타인과의 커뮤니케이션 능력이 떨어지게 되는 것이지요.

커뮤니케이션 역량의 부족은 결국 개인의 경쟁력 하락을 불러오고 맙니다. 논리력이 부족하다 보니 타인의 말이나 글에서도 진위 파악이 점차 어려워지기 시작하고, 이는 비판적 사고 능력에도 영향을 미칩니다. 잘못된 언어 습관이 가지고 온 나비 효과입니다. 문제는 이러한 잘못된 언어 습관이 입시와 마주하게 되면 걷잡을 수 없을 정도의 격차를 만든다는 것입니다.

요즘 입시에서 갈수록 중요해지고 있는 것은 학생들의 글쓰기와 말하기 역량으로, 관심사와 흥미, 진로와 적성에 따라 스스로 자료를 찾고 분석하고 재가공하여 나만의 견해를 담은 새로운 결과물을 만들어 내는 활동이 거의 모든 교과 과정에서 필수적으로 시행되고 있습니다. 입시를 본격적으로 준비하는 고등학교 입학 후에 잘못 형성된 언어 습관을 바로 잡기란 사실상 불가능에 가깝습니다. 그러니 지금 당장 아이의 언어 습관을 살펴보고 혹시라도 배드 사이클에 접어들지 않았는지 살펴보아야 할 것입니다.

문해력
발달 단계

점점 더 학업 과정과 입시에서 핵심적인 능력이 되어 가고 있는 문해력은 어떻게 발달시킬 수 있을까요?

문해력은 다음의 4가지 단계를 거치며 발달하고 성숙해집니다.

먼저 새로운 지식과 정보가 머릿속으로 입력되는 단계가 첫 번째입니다. 새로운 자극이 입력이 되기 위해서는 우선 읽기 연습이 필요합니다. 그런데 이 읽기가 제대로 되기 위해서 선행되어야 할 것이 있습

니다. 바로 어휘력입니다.

만 5세가 되면 보통 3,000단어 정도의 어휘를 사용할 수 있다고 합니다. 생각보다 많지요? 아이들은 자신이 알고 있는 어휘를 바탕으로 새로운 지식을 습득한 뒤 암기와 이해를 병행하는 과정을 거치게 됩니다.

그런데 어휘력 부족에 직면한 아이는 두 번째 단계인 이해 과정에서 문제가 생기게 됩니다. 학교 현장에서 저학년 학생들을 대상으로 수업을 하는 교사들이 "아이들이 문제의 단어를 이해하지 못해서 진도를 나가기가 어렵다."고 말하는 것은 어제오늘의 일이 아닙니다.

심지어 중·고등학생임에도 불구하고 '상충하다.', '대비되다.', '변별하다.' 등의 단어를 제대로 알지 못해 기껏 문제를 풀었음에도 불구하고 맞는 답을 고르지 못하는 일이 상당한 비율로 일어나고 있다는 사실을 아시나요? 심지어 학업 성취도가 높다고 여겨지는 우등생들마저도 정작 문제 풀이에 필요한 단어를 몰라 주춤거리는 일이 많습니다.

분명 예전과 달리 부모님들이 아이들에게 쏟는 어휘의 중요성과 독서의 습관화를 위한 노력은 늘어났는데도 왜 갈수록 어휘력 문제는 심각해지기만 하는 것일까요? 가장 핵심적인 이유는 바로 스마트폰의 보급입니다.

요즘 청소년들은 태어나자마자 스마트폰과 함께 자랐습니다. 이 아이들은 태블릿PC에 문제집을 다운 받아서 필기를 하고 문제를 풉니다. 모르는 것은 검색을 통해 기사나 블로그를 찾아보는 것이 아니라

유튜브에서 영상을 찾아보며 해결합니다.

이 세상에 존재하던 그 어떤 세대보다 영상 친화적인 세대입니다. 그러다 보니 긴 글을 읽어 내거나 모르는 단어를 주의 깊게 본 경험이 급격히 줄었습니다. 문자를 직접 눈으로 봤다면 '내가 모르는 단어가 있구나.'라는 것을 인식하기가 쉽지만 그저 흘러가는 대화 속에서 지나가 버린 말이라면, 그것도 알고리즘에 따라 내가 좋아하고 이해하기 쉬웠던 것들과 비슷한 주제들만 반복해서 제공된다면, 당연히 아이들을 둘러싼 세상에 떠다니는 어휘력은 고정될 수밖에 없는 것이지요.

유튜브를 활용하는 것을 무조건 막을 수는 없지만 알고리즘에 모든 것을 맡겨서는 안 되는 이유입니다. 성장하고 있는 아이들에게는 언제나 새로운 자극이 필요합니다. 그 자극은 휘발성이 강한 모니터 속 영상이 아니라 조금 느리더라도 눈으로 읽고, 손으로 만지고, 옆 사람과 대화를 하는 등 복합적 자극을 제공할 수 있는 오프라인 활동으로 채워야만 합니다.

이미 스마트폰과 유튜브에 중독이 된 아이가 많습니다. 한 번에 끊어 낼 수 없다고 하더라도 점차 아이들의 여가 시간을 오프라인과 온라인으로 나눠 오프라인 비중을 점진적으로 늘려야 고학년으로 갈수록 스스로 균형감을 잃지 않는 아이로 성장할 수 있습니다.

새로운 정보를 입력하고 이해하는 단계까지 왔다면 이제는 몰입하는 경험이 필요합니다. 이해와 몰입은 얼핏 비슷한 것 같지만 몰입은

미리 세우는 내 아이 입시 전략

이해 단계에서 한 발자국 더 나아간 것입니다. 몰입은 새로 얻은 정보의 의미를 파악하고 그것을 바탕으로 이것은 나에게 어떤 의미를 가질 수 있는지를 고민하는 단계입니다.

마지막으로 내가 이미 가지고 있는 배경지식과 새로 얻게 된 지식을 융합하여 표현할 수 있다면 아이는 문해력의 올바른 단계를 밟아 나가게 된 것입니다.

이 몰입과 출력의 단계는 아이가 혼자 헤쳐 가기 어려울 수 있습니다. 그렇기 때문에 부모님의 적절한 도움이 필요한 것입니다. 너무 거창하게 생각하지 않아도 괜찮습니다. 아이의 사고 과정을 넓히는 시작점은 부모님의 질문에서부터 비롯합니다. 아이에게 생각할 만한 화두를 던져 주는 것입니다.

『인어 공주』를 읽은 아이에게 가벼운 질문을 던져 보세요.

"왜 하필 마녀는 인어 공주에게 목소리를 달라고 했을까?"

"왕자를 구한 건 나라고 말하지 못하는 인어공주의 마음은 어땠을까?"

"이웃나라 공주는 왜 사실대로 말하지 않았을까?"

여기서 주의할 점은 개방형 질문을 해야 한다는 것과, 질문을 통해 지식을 전달하겠다는 학습적인 욕심은 잠깐 내려놓아야 한다는 것입니다.

우리가 아이들에게 질문을 하는 이유는 스스로 생각하는 힘을 기르기 위해서, 또 지금껏 생각해 보지 못했던 지점을 인식하게 하고 나름

대로의 답을 찾아가는 과정을 돕기 위해서입니다.

그런데 단답형으로 끝나는 질문, 예를 들어, "마녀가 인어공주에게 다리를 줄 테니 뭘 달라고 했지?"라는 식의 질문은 내용의 복기를 도와 '이해' 단계에는 도움을 줄 수는 있지만 '몰입' 단계까지 아이의 사고가 확장되는 것은 어렵습니다.

간혹 이왕 책을 읽거나 공부를 했으니 추가로 더 많은 것을 가르치고 싶어 하는 부모님들도 있습니다. 그래서 "옛날 사람들은 듀공이라는 동물을 보고 인어라고 생각했대. 우리 듀공에 대해서도 한 번 알아볼까?"라는 질문을 던지기도 합니다. 이 질문 역시 새로운 지식의 전달, 즉 '입력' 단계를 다시 반복하는 것이지, '몰입'과 '출력' 단계로 넘어가는 데 도움이 되는 것은 아니라는 점을 기억해 주세요.

문해력이
시험 점수를 결정한다

문해력이 자녀 교육에서 화두가 된 지 2~3년이 흘렀습니다. 하지만 여전히 문해력을 단순히 저학년 때의 독서 습관이나 고학년이 되었을 때 국어 점수에 영향을 미치는 정도로만 해석하는 부모님이 많습니다.

이는 부모님이 겪었던 학교와 현재의 학교 수업의 차이를 잘 몰라서 생긴 일입니다. 우리 아이들이 다니고 있는 학교와 교육은 이미 이전과는 매우 달라서 문해력이나 사고력, 창의력 같은 약간은 뜬 구름 잡는 소리처럼 느껴지는 기초 역량들이 실질적이고 강력하게 영향력을 끼치고 있습니다.

여러 강연에서 학부모님들을 만났을 때 수행평가에 대해 어떻게 생각하는지를 물어보았습니다. 상당히 높은 비율로 '수행평가는 너무

대충만 하지 않으면 만점을 주는 것 아닌가요?'라는 답변이 돌아왔습니다.

중·고등학교의 수행평가 비중이 이전과 달리 높아졌다는 사실과 더불어 수행평가 방식이 단순 주관식, 서술형 문항을 출제하거나 노트 검사 같은 참여도 평가에서 과제 제출 등의 포트폴리오 제작 방식으로 상당수 변화가 있다는 사실은 알고 있습니다. 하지만 그럼에도 불구하고 채점 방식은 그저 '제출만 한다면 괜찮은 것 아닐까?'라고 생각하는 것이지요.

여기에 덧붙여서 아이들에게 요구되는 수행평가의 과제 제출 난이도에 대해서도 깊이 고민해 본 적이 없는 부모님이 많습니다. 자, 그렇다면 요즘 고등학교들의 수행평가는 대체 어느 정도 수준을 요구하는 것일까요?

다음 자료는 전국 각지의 고등학교에서 실시했던 여러 과목의 수행평가 문항을 재구성한 것입니다.

요즘 고등학교들의 수행평가

❶ 문학 비평문 작성

: 작품을 작가, 사회, 문화적 배경들을 고려하여 종합적으로 감상할 것

: 창의적 표현 방법과 심미적 가치를 문학적 관점에서 수용할 것

: 감상 후 자아를 성찰한 내용을 바탕으로 작품을 비평할 것

❷ 지구과학 논술문 작성

: 온대 저기압이 중위도 지역을 통과하며 나타나는 기상 변화를 조사하여 제시할 것

: 실제 우리 나라 주변의 일기도를 통해 일기 기호를 해석할 것

: 사전 활동을 바탕으로 특정일의 기상 상황을 과학적 근거를 들어 추론하고 발표할 것

❸ 법과 정치 보고서 작성

: 독도의 역사적, 지리적 근거를 수집하고 해양법적 분석 보고서를 제출할 것

: 조약 및 협정의 효력과 의미를 파악하여 영토 문제에 대한 의견을 제시할 것

: 국제법 판례를 조사하고 이를 통해 독도가 우리 영토임을 논리적으로 논술할 것

❹ 영어 프레젠테이션 발표

: 우리 나라 영어 교육에 관한 의견을 PPT 10페이지 분량으로 정리할 것

: 사실 정보와 맥락 정보를 활용하여 주장에 대한 근거를 2개 이상 제시할 것

: 의견을 효과적으로 전달하기 위한 논리적인 문장 구조를 사용할 것

주제가 꽤 난이도가 있고 시간 날 때 얼른 두어 시간 들여 끝내 버릴 수 있는 수준이 아니라는 것이 느껴지시나요? 요즘 수행평가는 결과를 만들어 내는 과정을 중요시하고 단순 지식의 습득을 넘어서 학습한 내용을 바탕으로 정보를 편집하여 스스로의 견해를 담은 새로운 결과물을 만들어 내는 것을 목적으로 합니다.

이 과정에서 학생들은 배운 것을 체득할 수 있을 뿐 아니라 능동적이고 자기주도적인 학습을 경험하며 다양한 역량을 기르는 것이 가능해집니다. 그런데 문제는 여기서 발생합니다. 새로운 지식을 습득하는 것까지는 지식의 입력 과정으로, 성실함이 담보되는 학생이라면 문해력 발달과는 관계없이 좋은 결과를 기대할 수도 있습니다.

하지만 지식의 편집 과정부터는 본격적으로 여러 자료를 해석하고

이해해야 하며, 동시에 다양한 정보들의 관계를 파악하고 진위를 구별하는 일이 필요합니다. 드디어 문해력이 등장하는 것입니다.

문해력은 단순히 어휘를 많이 알거나 글을 잘 쓴다거나 책을 많이 읽는 단편적인 역량이 아닙니다. 활자 정보를 중심으로 정보를 내가 원하는 방식대로 재가공하고 이해할 수 있는 것, 이것이 진짜 문해력의 본질이지요. 즉 입시에서 문해력이란 이제 필수불가결한 요소입니다. 비교과적 측면이 아니라 교과 학습에서마저도 문해력이 낮은 학생들은 이제 좋은 점수를 받기가 요원해졌습니다.

학교에 따라 다르기는 하지만 일반적으로 수행평가 반영 비율은 과목별로 30~50%를 차지합니다. 한 학기의 성적이 중간고사와 기말고사, 그리고 수행평가를 합쳐서 결정된다는 점을 생각한다면 사실상 중간고사, 기말고사, 수행평가가 거의 비슷한 비율이라는 뜻입니다.

하지만 대다수의 학부모님은 아이가 지필고사를 준비할 때는 더 많은 시간과 정성을 쏟아야 한다고 말하면서, 수행평가를 위해 자료를 찾고 보고서를 쓰거나 친구들과 토론을 하면 "놀지 말고 공부하라."고 합니다. 사실은 이미 공부를 하고 있는 것이고, 성적을 위해 노력하고 있는 셈인데 말입니다.

아이들을 평가하는 방식이 달라지면서 이제 우리 아이들에게 필요한 역량이 예전과 달라지고 있습니다. 이 점을 명심해야만 앞으로 나아갈 수 있습니다.

책 읽기가
전부는 아니다

결국 문해력이 중요하다는 이야기를 들으면 대다수의 학부모님은 '당장 독서를 시작해야겠어.'라고 결심합니다. 훌륭합니다. 독서는 가장 손쉽게 문해력을 기를 수 있는 방법이니까요. 하지만 곰곰이 생각해 보면 의문이 들지도 모르겠습니다.

어렸을 때부터 책을 가까이 하던 대다수의 사람은 성인이 된 이후에도 문해력을 포함한 언어 능력이 월등한 경우가 많습니다. 하지만 언어 능력이 좋다고 모두 책을 가까이한 것은 아닙니다. 왜 이런 일이 벌어졌을까요?

핵심은 언어 자극입니다. 그러니까 문해력을 기르기 위한 가장 첫 번째 단계는 다양한 언어 자극을 경험하는 것입니다. 언어를 어떤 방식으로 전달받는지에 따라 수용 방법, 해석 방법이 모두 달라집니다.

자, 예전 부모님 세대를 한 번 생각해 볼까요? 대가족이 많았던 시절에 우리는 다양한 어휘와 말투를 사용하는 가족, 이웃들과 대화를 나눴고 교과서와 소설책, 잡지와 심지어 만화책을 보면서 다양한 활자를 경험했습니다. TV와 영화를 보며 영상을 즐기기도 했고, 음악이나 라디오를 들으며 음성 자극만 받아들이기도 했지요. 심지어 인터넷이 보급되기 시작했기 때문에 디지털 언어도 충분히 경험했던 세대입니다.

그러니까 지금 10대 자녀를 둔 학부모님들은 특별한 노력을 들이지 않더라도 문자/영상/대면 자극은 물론이거니와 오프라인과 온라인 자극도 적절히 조절되었던 환경에서 자란 겁니다. 다양한 배경과 관계 속에서 가장 알맞은 말투와 어휘를 선택하는 연습을 할 수 있었고, 라디오와 같이 흘러가 버리는 음성 자극만이 존재할 때는 진행자의 앞뒤 맥락을 이해하기 위해 소리에 집중하기도 했습니다.

신문을 볼 때는 어려운 한자어나 외래어, 전문 어휘를 마주했고 소설이나 만화책에서는 가장 유행하는 최신 말투를 배웠지요. 온라인에서 사용하는 외계어들과 편지를 쓸 때 어휘가 달라야 한다는 점도 경험으로 알게 되었던 겁니다.

하지만 지금 우리 아이들은 어떤가요? 부모님들보다 기술은 더욱 발달했고, 경제적으로도 풍요로운 세상이 되었지만 아이러니하게도 언어 자극은 예전보다 다양해졌다고 말하기 어려운 지경입니다.

부모 세대인 어른들은 언어 능력이 발전함에 따라 언어 환경도 그 지평이 따라서 넓어져 갔지만 자녀들은 다릅니다. 스마트폰과 스마트 TV의 등장으로 아이들은 글자를 읽지 못하더라도 내가 원하는 영상을 손가락 몇 번 움직이는 것으로 얻어 낼 수 있게 되었습니다.

모든 것이 넘쳐 나는 시대, 최초의 영상 인류인 지금의 아이들은 영상이라는 편향적인 언어 자극 환경에 너무나 쉽게 놓이고 맙니다. 방송국이나 전문 제작사처럼 영상을 만드는 주체가 한정적이었던 예전과 다르게 개인 크리에이터들이 넘쳐 나는 세상입니다. 아이들이 접하게 되는 무한대의 영상 중 유해한 것을 걸러 낼 장치가 너무 허술합니다. 교묘해진 어른들의 밥벌이가 아이들을 공격하는 셈입니다.

여기서 잠깐, 영상 자극이 위험한 이유는 무엇일까요? 우리 뇌는 정보 전달 방식에 따라 활성화 정도가 다릅니다. 가장 제한적인 정보가 들어올 때는 뇌가 빈 곳을 메우기 위해 열심히 일을 하지만, 이미 완성된 정보가 주어지면 굳이 손 볼 것이 없으니 일을 하지 않는 것이지요.

가장 제한적인 정보란 활자 자극입니다. 문자를 해석하고 이해하고 상상하여 이미지화하거나 정보의 체계를 정리하는 일은 마치 어려운 수학 문제를 푸는 것 같은 고차원적인 활동입니다.

반대로 영상은 어떨까요? 뇌의 입장에서 영상 자극은 너무나 친절한 정보입니다. 직접적인 발화자의 등장, 이해를 돕기 위한 적절한 이미지는 움직이기까지 합니다. 심지어 감정이나 분위기를 보다 쉽게 전달하기 위해 각종 촬영 기술에 배경음악까지 제공되지요. 시험을 치르는 데 설명이 아주 자세한 해설지를 함께 주는 것과 마찬가지입니다. 매번 해설이 적힌 시험지로 테스트를 보던 아이에게 아무런 힌트도 없는 문제집을 주면 당황하는 것처럼 우리의 뇌도 똑같습니다.

영상을 무조건 보지 말자는 영상 무용론을 주장하는 것은 아닙니다. 바뀐 세상과 환경을 고려하지 않고 무작정 덮어 놓고 모른 척한다고 해 봐야 학교에서 또래들과 생활하는 아이들은 부모님에게 들키지 않고 더욱 더 교묘하게 숨기는 방법을 배울 뿐이고, 부모님들과 비밀이 많아질수록 문제점을 확인하고 교정할 수 있는 골든타임만 놓치게 되니까요.

중요한 것은 영상을 무작정 배제하는 것이 아니라 다른 언어 자극도 충분히 주어지는 환경을 마련해야 한다는 점입니다. 해설지를 완벽하게 숨기는 것은 이미 불가능에 가까우니, 해설시를 없애는 일에 몰두할 것이 아니라 일반 문제집에도 충분히 익숙한 아이로 키우자는 겁니다.

여기서 우리는 언어를 2가지로 구분해야 합니다. 수용언어와 화용언어입니다.

수용언어란 주어지는 정보들을 이해하는 언어 능력을 말하고, 화용언어란 내가 이미 가지고 있는 정보를 바탕으로 원하는 것을 표현하는 언어 능력을 말합니다. 책을 읽거나, 다른 사람의 이야기를 듣는 것은 수용 언어 능력을 키우는 일입니다. 반대로 글을 쓰거나, 내가 하고 싶은 이야기를 말로 표현하는 것은 화용 언어 능력을 기르는 일이지요. 2가지 언어가 균형적으로 발달해야 비로소 문해력이 뛰어난 아이가 된다는 것은 더 말할 필요가 없겠지요.

　우리 아이에게 부족한 언어는 무엇인가요? 주어진 정보를 이해하는 능력인가요? 아니면 내가 가진 정보를 표현하는 능력인가요? 학교나 학원 선생님의 조언을 구하기보다는 자녀의 언어생활을 곰곰이 생각해 보세요. 선생님들보다 부모님이 훨씬 더 정확하게 판단을 내릴 수 있을 겁니다. 판단이 섰다면 이제 어떤 언어 자극이 부족한지 결정할 수 있겠지요?

수능 국어 점수를
좌우하는 독해법

"고등학교 국어 점수는 집을 팔아도 해결이 안된다."라는 이야기를 들어 본 적 있으신가요?

갈수록 어려워지는 국어 문제 때문에 힘들어하는 아이들이 늘어나고 있습니다.

마음대로 되지 않는 국어 성적 때문에 얼마나 답답했으면 이런 말들을 하게 되었는지 공부하느라 고생인 학생들도, 그런 아이들을 바라보며 속상한 부모님들의 마음도 모두 이해가 갑니다.

분명 한글로 쓰인 글인데 도대체 왜 이렇게 '국어'는 해석이 어려운 것일까요?

이에 대해 이야기하기 전에 먼저 2022년, 2023년 수능 국어 문제

미리 세우는 내 아이 입시 전략

중에서 학생들이 가장 많이 틀린 10문제를 알려 드립니다.

2022, 2023년 수능에서 학생들이 가장 어려워했던 10문제를 출제 영역 중심으로 살펴보면 국어 중에서도 특히 학생들이 어려워하는 파트가 무엇인지 여실히 드러납니다.

바로 '독서'입니다.

2022년, 2023년 수능에서 연속해서 오답률 상위 10문제 중 7문제가 '독서'에서 출제되었습니다. '독서' 중에서도 추론적 이해에 관한 문제(각각 4문제, 5문제)가 학생들을 가장 괴롭혔던 것으로 밝혀졌습니다.

수능 국어 과목은 다음과 같은 과목 구성으로 이루어져 있는데 '독서'는 공통 과목이기 때문에 모든 학생이 필수로 공부해야 합니다. 게

2022년 수능 국어, 화법과 작문 선택자 오답률 상위 10문제

순위	번호	오답률	출제 영역	세부 내용
10위	23번	59.1%	문학	문학의 수용
9위	45번	60.3%	작문	정보 전달 글쓰기
8위	12번	61.7%	독서	추론적 이해(사회 문화 지문)
7위	4번	62.5%	독서	사실적 이해(인문 예술 지문)
6위	8번	68.9%	독서	감상적 이해(인문 예술 지문)
5위	16번	69.2%	독서	추론적 이해(과학 기술 지문)
4위	13번	71.3%	독서	추론적 이해(사회 문화 지문)
3위	11번	71.9%	독서	추론적 이해(사회 문화 지문)
2위	40번	76.9%	화법	화법의 원리와 실제
1위	15번	78.3%	독서	사실적 이해(과학 기술 지문)

2023년 수능 국어, 화법과 작문 선택자 오답률 상위 10문제

순위	번호	오답률	출제 영역	세부 내용
10위	25번	32.3%	문학	작품과 비교 감상
9위	41번	38.3%	작문	정보 전달 글쓰기
8위	40번	41.1%	화법	대화 맥락 분석하기
7위	10번	42.3%	독서	사실적 이해(과학 기술 지문)
6위	8번	55.7%	독서	추론적 이해(인문 예술 지문)
5위	16번	60.0%	독서	사실적 이해(과학 기술 지문)
4위	11번	61.3%	독서	추론적 이해(사회 문화 지문)
3위	12번	64.1%	독서	추론적 이해(사회 문화 지문)
2위	15번	69.7%	독서	추론적 이해(과학 기술 지문)
1위	17번	84.9%	독서	추론적 이해(과학 기술 지문)

다가 배점도 상당히 높은 편이지요.

또 다른 공통 과목인 '문학'은 예상외로 오답률이 크게 높은 문제는 많이 출제되지 않는 편입니다.

공통 과목	독서 + 문학	76점, 34문항
선택 과목	언어와 매체 or 화법과 작문	24점, 11문항

앞에서 통합형 수능에 대해 설명하며 공통 과목과 선택 과목 중 공통 과목 점수가 더 높을수록 표준화 점수가 더 높아진다는 것을 설명했습니다. 결국 '독서'에서 출제되는 킬러 문제를 해결하지 못한다면 국어에서 높은 점수를 받는 것은 요원해집니다.

그렇다면 '독서'는 도대체 어떤 문항들을 출제하는 과목일까요?

수능 국어에서 말하는 '독서'는 우리가 흔히 생각하는 '책 읽기'와는 조금 궤가 다릅니다. 주로 문학과 비문학으로 국어를 분류할 때, 비문학이 '독서'라는 과목이라고 생각해도 무방합니다. 즉 '독서'를 어려워한다는 것은 비문학 지문에서 특히 약세를 보인다고 풀이할 수 있습니다.

비문학 지문이 문제라고 하면 많은 학생이 과학/기술 지문에서 어려움을 느낄 것이라고 여깁니다. 하지만 옆의 표에서 알 수 있는 것처럼 많은 학생이 인문/예술, 사회/문화 지문 역시 만만치 않은 오답률을 기록하고 있습니다.

이로 볼 때 단순히 특정 분야의 비문학 지문에 대한 배경지식의 부재로 인한 어려움이라기보다는 정보를 전달하는 글을 읽고 핵심을 파악하고 추론하는 역량 그 자체가 부족하다고 보아야 올바른 방향으로 공부를 할 수 있습니다.

자, 이제 다시 한 번 옆의 표를 주목해 주세요.

오답률 상위 10문제의 '독서' 문제 중 세부 내용을 살펴보면 '추론적 이해' 문제들이 집중적으로 포진해 있는 것이 보이나요?

흔히 비문학 문제를 풀어내는 핵심을 다음과 같이 이야기합니다.

비문학 문제를 잘 풀려면 우선 지문을 정확하게 읽고 이해한 다음, 문제에서 요구하는 정답을 지문을 바탕으로 정확히 찾아내는 능력이 필요하다.

물론 옳은 말입니다. 비문학 문제를 풀 때 가장 기본이 되는 독해법에 대한 이야기이니까요.

하지만 문제가 된 '추론적 이해'는 여기서 한 발자국 더 나아가는 독해법이 필요합니다. 지문을 바탕으로 내용을 이해했다면(사실적 이해), 이를 바탕으로 새로운 사례나 논리에 대해 개연성과 타당성을 고려하여 가장 적합한 결과를 도출해 내는 능력이지요.

이를 수능 국어에서는 '추론적 이해'라고 부릅니다. 이는 텍스트를 겉핥기식으로 공부한 학생들에게는 해결이 어려운 경지인 심화 독해의 영역입니다. 어려서부터 제대로 된 독해 과정에 대한 연습이 필요한 이유입니다.

정리하자면 수능 국어에서 두각을 나타내는 아이들은 지문을 빠르게 읽는 것도, 책을 많이 읽는 것도 아닌 '제대로 읽는 법'을 알고 있었다는 겁니다.

우리 아이가 제대로 읽는 법을 알고 있는지 다음 체크리스트를 통해 확인해 보세요.

1	글에 드러나지 않은 화자의 심경이나 상황을 유추할 수 있다.
2	글쓴이가 해당 글을 쓴 이유나 목적을 상상할 수 있다.
3	글에 나타난 정보나 사건을 시간별/주제별로 묶거나 해체할 수 있다.
4	글을 통해 얻은 정보를 다른 상황이나 사건에 적용할 수 있다.
5	글을 통해 얻은 정보를 배경지식과 합쳐서 나만의 결과를 도출할 수 있다.

문해력 저하의 주범은
스마트폰?

"스마트폰을 언제까지 사 주지 않고 버틸 수 있을지 모르겠어요."

"스마트폰 때문에 집이 조용할 날이 없어요. 매일 그것만 들여다보고 있고… 무슨 방법이 없을까요?"

스마트폰은 초등 고학년 이상 학부모님들의 가장 큰 고민 중 하나입니다. 한 뼘도 되지 않는 이 작은 기계는 세상에 등장하자마자 순식간에 사회의 모습을 바꿔 놓았습니다. 새로운 직업과 시장이 생겨났고, 사람들의 라이프스타일도 달라졌지요.

스마트폰은 등장과 동시에 영상과 SNS, 게임과 유해 사이트 등을 총망라하여 말 그대로 '악의 주범'이 되었습니다. 특히 아이들이 글을 멀리하고 언어 습관이 망가진 것의 원인을 스마트폰 때문이라고 여기는 사람들도 늘어났지요.

이제 스마트폰의 올바른 사용 방법에 대한 특강을 하지 않는 학교를 찾아보기 어려울 만큼 아이들과 스마트폰은 떼려야 뗄 수 없는 존재가 되었습니다. 바른 언어 습관을 위해 스마트폰을 멀리 해야 한다는 것은 알지만 결국 아이들이 이 작고 신기한 기계를 사용하는 건 시간문제일 뿐입니다.

모 중학교에 진로 특강을 간 날이었습니다. 특강의 한 코너로 직접 특정 사이트에 접속하여 설문조사를 해야 했기 때문에 미리 선생님들과 협의하여 담임선생님이 수업 전에 수거해 간 휴대폰을 받아 오기로 되어 있었습니다.

그런데 웬일인가요?

교무실로 간 당번이 돌아오지도 않았는데 사이트 주소를 화면에 띄우자마자 아이들이 휴대폰을 꺼내 들고 설문을 시작했습니다.

"지금 폰을 가지고 있는 친구들은 제출을 안 한 거야?"

제 물음에 아이들은 까르르 웃으며 당연하다는 듯 대답했습니다.

"선생님, 공기계는 기본 아니에요?"

부모님이 스마트폰의 기능을 제한할 수 있는 '공신폰'이나 '키즈폰', '안심폰' 같은 것들을 사 주면 미련 없이 학교에 제출하고, 용돈을 모아 구입한 공기계를 들고 다닌다고 합니다.

아이들은 와이파이 무제한 요금제를 쓰는 친구들이 핫스팟을 켜 주면 그 반은 와이파이 존이 된다며 팁을 알려 주기도 했습니다.

198

"선생님, 철저한 애들은요. 공기계는 아예 집에 안 가져가요. 학교 사물함이나 독서실에 놓고 다니지. 부모님한테 걸리면 끝장이거든요."

결국 스마트폰과 아이들을 떼 놓고자 했던 어른들의 시도는 어느 정도 머리가 큰 중학교 이상의 학생들에게는 무용지물이나 다름없다는 걸 직접 목격한 날이었습니다.

그 날 이후, 저는 스마트폰 사용 시기를 무작정 늦추는 것은 능사가 아님을 깨달았습니다. 모두 다 같이 사용하지 않는다면 또 모를까, 우리 아이만 사용 시기를 뒤로 미루고 있다는 건 사실은 부모님의 통제를 벗어난 사용이 이미 시작되었을 수도 있다는 것이지요.

부모님보다 기계를 다루고 새로운 기술을 받아들이는 데 거부감이 없는 아이들에게서 스마트폰을 완벽하게 제거하기란 어렵습니다. 그렇기 때문에 결국 중요한 것은 스마트폰을 사용하지 않는 것이 아니라 사용하더라도 자제력을 잃지 않고 올바른 방향으로 사용하는 방법을 아는 아이로 키우는 것입니다.

동시에 스마트폰에 과의존하지 않도록 정기적으로 점검하는 일이 더욱 필요합니다. 한국지능정보사회진흥원에서 설립한 '스마트 쉼 센터' 사이트에서 제공하는 과의존 척도 검사로 쉽게 지금 내가 어떤 사용자인지 상황을 알 수 있습니다.

스마트폰 과의존 검사는 3가지 기준을 통해 위험성의 정도를 판단합니다.

❶ 현저성

현저성이란 스마트폰을 사용하는 행위가 다른 일상 행위보다 가장 두드러지고 우선되고 있음을 나타내는 지표로 생활을 할 때 스마트폰이 얼마나 크게 자리 잡고 있는지를 보여 줍니다.

❷ 조절 실패

내가 스스로 스마트폰 사용을 조절하고 충동성을 억제할 수 있는지를 확인하는 지표입니다. 만약 예상보다 늘 많은 시간을 사용했다면 조절력에 문제가 생긴 것은 아닌지 확인이 필요합니다.

❸ 문제적 결과

실제로 신체적, 심리적, 사회적으로 부정적인 결과가 수반되고 있는가에 대한 문제입니다. 몸이 아프다거나, 해야 할 일을 끝내지 못해 꾸중을 들었다거나 하는 식의 부정적 결과를 경험했음에도 불구하고 휴대폰 사용을 멈출 수 없다면 외부의 도움이 필요합니다.

이와 같은 3가지 기준을 종합하여 일반 사용자군/잠재적 위험 사용자군/고위험 사용자군으로 분류합니다. 고위험 사용자라는 결과가 나왔다면 가정 내에서 해결하기보다는 전문적인 상담을 병행하는 등 적극적인 개입이 필요합니다. 부끄러운 일이 아닙니다. 병이 나면 병원을 찾아서 치료를 받는 것처럼 상담 역시 마찬가지입니다.

스마트폰의 올바른 사용을 위해 활용할 수 있는 사이트

스마트 쉼 센터	www.iapc.or.kr/
청소년 사이버 상담센터	www.cyber1388.kr/
중독포럼	www.addictionfr.org/
국립청소년인터넷드림마을	nyit.or.kr/

부모님과 아이가 함께 위의 사이트를 활용하여 스마트폰을 비롯해 청소년이 빠질 수 있는 다양한 중독의 위험에 대해 이야기하고 올바른 습관을 기르기 위해 함께 이야기하는 시간을 마련해 보세요.

새로운 화두,
디지털 리터러시

예전과 달리 학생들이 지식을 습득하는 통로는 단순히 교과서나 참고서만이 아닙니다. 학생들은 신문, 책, 교과서 같은 전통적인 미디어는 물론 블로그, 유튜브 등 새로운 뉴 미디어를 활용하여 결과물을 만들어 내고 있습니다. 목표하는 대학에 진학을 원하는 학생들에게 다양한 미디어를 제대로 활용하는 일은 보다 질 좋은 자료를 찾고, 다양한 사람의 관점을 이해하고, 교과서에서는 알 수 없었던 새로운 주제에 눈을 뜨기 위한 선행과제가 된 것이지요.

이것은 선택의 문제가 아닙니다. 하지만 안타깝게도 많은 학생이 (심지어 우등생들도) 온라인상에서 얻은 새로운 정보를 정확히 파악하는 방법을 모르고 있습니다.

생명공학에 관심이 있던 윤성이는 학생부의 핵심이 될 자유주제탐구 활동으로 '면역력에 도움이 되는 식습관'을 주제로 잡고 프레젠테이션 자료를 만드는 중이었습니다. 그러다가 '이렇게 하는 것이 맞나?' 하는 생각이 들어 제게 조언을 구했습니다. 제작 중이었던 PPT 문서를 보니 비약이 조금 심하다는 느낌이 들었습니다.

"혹시 이 자료들의 출처는 어디였는지 기억하니?"

"사이트 링크 보내드릴게요."

아이에게서 받은 출처는 다름 아닌 식품회사의 새로운 영양 보조제 광고 기사였습니다. 사과에 들어 있는 비타민의 몇 배라거나, 이것만 먹으면 특정 질병은 문제없다거나 하는 식의 기사는 과학적 근거가 매우 부족했습니다.

하지만 아이들은 막연하게 '뉴스 기사니까 사실이겠지.'라고 가볍게 생각해 버립니다. 기사성 광고라거나, 가짜 뉴스나 불분명한 근거를 가진 뉴스 기사도 있을 수 있다는 생각을 하지 못하는 것입니다.

만약 윤성이가 이 부분을 고치지 않은 채 발표 내용과 주제가 학생부에 기록되었다고 생각해 봅시다. 해당 분야의 전문가 중의 전문가인 교수님이 학생부를 보고 무슨 생각을 하셨을까요?

'고등학생이니 그럴 수도 있지.'라고 여기셨을까요? '충분히 알아보지 않았구나.'라고 생각하셨을까요?

비단 입시뿐만이 아닙니다. 사람들의 클릭 수가 곧 돈이 되는 인터넷 세상에서는 진위가 불분명한 이야기들이 마구잡이로 떠다니며 사람들을 유혹합니다.

이런 인터넷 환경에서 내게 필요한 정보를 구분하고 가짜와 진짜를 구분할 수 있으며, 비판적/합리적 사고를 통해 나와 다른 의견을 수용하면서 디지털 윤리도 존중할 수 있는 아이로 성장하려면 인터넷을 본격적으로 접하게 되는 초등 시기가 교육의 적기입니다.

여기서 잠깐, 디지털 리터러시는 무엇을 말할까요? 교육부는 디지털 리터러시(Digital Literacy : 디지털 문해력)를 '디지털 시대에 필수적으로 요구되는 정보 이해 및 표현 능력'이라고 정의합니다.

3장의 '통합형 수능, 어려운 과목이 유리하다?' 절에서 새로운 수능 국어 선택 과목으로 '언어와 매체'라는 새로운 과목이 등장했다는 것을 문항 예시와 함께 설명했습니다. 다양한 미디어상의 소통 능력을

유네스코 방콕 DKAP(Digital Kids Asia Pacific) 프로젝트

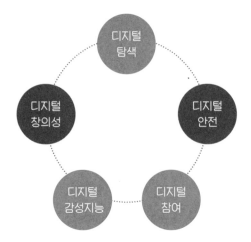

미리 세우는 내 아이 입시 전략

확인하기 위한 과목이 수능 과목으로 채택되었을 만큼 우리 아이들이 살아갈 미래에서 디지털 역량은 '하면 좋고, 아님 말고.'의 수준이 아닌 필수 핵심 능력이 된 것입니다.

디지털 리터러시를 기르기 위한 핵심적인 5가지 요소는 다음과 같습니다.

1. 디지털 탐색 : 디지털 도구를 활용하여 내가 원하는 정보를 정확히 찾고 진위를 판별하며 비판적으로 수용하는 능력
2. 디지털 안전 : 디지털 공간에서 개인 정보를 보호하는 것은 물론 타인으로부터의 위협에 적절하게 행동할 수 있는 능력
3. 디지털 참여 : 정보를 수용하는 것을 넘어서 디지털 공간에서 타인 혹은 사회와 관계를 맺고 의견을 교환하기 위한 적절한 능력
4. 디지털 창의성 : 정보 소비자에서 정보 생산자가 되기 위해 디지털 기술을 활용할 수 있는 능력은 물론 올바른 방법으로 자신을 표현할 수 있는 능력
5. 디지털 감성지능 : 디지털에서 이루어지는 상호작용 중 디지털 윤리를 기반으로 하여 타인의 감정을 살피고 공감할 수 있는 능력

이 5가지 능력은 초등 시기부터 시간을 들여 꾸준하게 교육해야 합니다.

갈수록 디지털상의 의사소통이 늘어나고 있습니다. 올바른 의사소

통 및 언어 능력을 기르기 위해 책을 읽고 글을 쓴 것처럼 이제 우리 아이들은 인터넷상에서의 읽기와 쓰기를 간과해서는 안 됩니다. 디지털 문맹으로 살게 할 수는 없으니까요.

부모님과 함께하는
디지털 능력 키우기

디지털 탐색	**<우리 지역 맛집 찾기>** 많은 정보 중에 내게 필요한 것을 검색하는 능력을 키워 주고, 가짜 정보와 진짜 정보를 구분하는 연습을 합니다. 1. 가족들의 선호도와 예산, 동선을 고려하여 맛집을 찾아보세요. 2. 실제 방문객의 리뷰인지 광고인지 파악하도록 도와주세요.
디지털 안전	**<SNS 프로필 점검하기>** 지나친 사생활이나 위험에 노출이 되지는 않았는지 점검하고 온라인상에서 스스로를 지킬 수 있는 힘을 기릅니다. 1. 불특정 다수가 보는 SNS에서 현실의 내가 특정될 수 있는 정보를 업로드하지는 않았는지 확인합니다. 2. 만약 사생활이 지나치게 노출되어 있다면 위험성에 대해 함께 이야기를 나누고 수정하도록 도와주세요.
디지털 참여	**<관심 기사에 댓글 쓰기>** 주장과 근거가 분명한 인터넷 기사를 읽고 해석한 뒤, 내 의견을 명확하게 표현할 수 있도록 합니다. 1. 자녀가 스스로 댓글을 달 기사를 정할 수 있도록 함께 이야기합시다. 2. 부모님이 자녀가 단 댓글에 답변을 써서 온라인에서 의견을 교환하는 연습을 합니다.

디지털 창의성	**\<스마트폰 앱을 사용하여 그림 위에 글쓰기\>** : 내 생각을 온라인에서 나누기 위해 필요한 디지털 기술을 익힙니다. 1. 자녀가 공유하고 싶은 글의 분위기에 어울리는 사신을 찾거나 직접 찍도록 도와주세요. 2. 사진 위에 글을 쓸 수 있는 애플리케이션을 활용하는 방법(예 : 글그램 등)과 부모님에게 공유하는 방법을 가르쳐 주세요.
디지털 감성지능	**\<네티켓 10계명 따라 읽기\>** : 온라인에서 필요한 예절을 배우고 익혀서 올바른 디지털 언어 습관을 가지고 의사소통할 수 있도록 연습합니다. 1. 상대가 인간이라는 것을 기억하라. 2. 실제 생활과 똑같은 기준을 가지고 행동하라. 3. 온라인 커뮤니티 규범을 지키며 문화에 따라 행동하라. 4. 다른 사람의 시간을 존중하라. 5. 온라인상에서도 자신을 근사하게 만들어라. 6. 내가 가지고 있는 지식을 공유하라. 7. 논쟁을 할 때는 감정을 절제하라. 8. 다른 사람의 사생활을 존중하라. 9. 당신의 권력을 남용하지 말라. 10. 다른 사람의 실수를 용서하라. -정보통신윤리위원회

6장

공부하는 아이로 만드는 엄마의 스킬

공부를
열심히 했다는 착각

"선생님, 저는 왜 공부를 해도 성적이 안 오를까요? 아침에 눈 뜨자마자 학교에 가서 하교 후에는 학원에, 독서실에… 집에 들어가면 밤 10시가 훌쩍 넘거든요. 그렇게 열심히 하는데도 공부는 계속 어렵기만 해요. 공부머리가 없는 걸까요?"

대학 진학을 희망하는 대다수 중·고등학생들의 하루는 사실 비슷비슷합니다. 학교 가랴, 학원 가랴, 숙제하랴, 인터넷 강의 들으랴, 독서실 가랴. 촘촘하게 짜인 일과 시간표를 보고 있으면 성적이 안 오르는 게 이상할 지경입니다. 하지만 정작 학습의 결과가 만족스러운 학생들은 손에 꼽습니다.

대체 왜 이런 일이 생기는 걸까요? 이유는 간단합니다. 많은 학생이 사실은 공부를 제대로 하지 않았음에도 열심히 했다고 착각하고 있는 겁니다.

학원을 다니고 인터넷 강의를 듣는다면 공부를 한 것일까요?
문제집을 풀고 틀린 답을 확인했다면 공부를 한 것일까요?

이에 대한 답을 구하고자 한다면 '공부'라는 게 무엇인지, 어떤 과정을 거쳐 어떤 변화를 일으키는지에 대해 알아야 합니다.

공부, 그러니까 학습이라는 것은 단순히 새로운 정보를 입력하는 것이 아닙니다. 새로운 지식이 입력되었다면 다음 3단계 과정이 필요합니다.

첫 번째, 문제해결 과정에서 해당 지식을 써 먹을 수 있도록 개념을 풀어서 완전하게 이해해야 합니다.

두 번째, 이해를 바탕으로 재정립한 개념을 필요한 순간 적절한 형태로 출력할 수 있어야 합니다.

세 번째, 만약 문제해결의 결과가 틀렸다면 내 사고 과정의 어떤 부분에서 문제가 있었는지 확인하고 수정해야 합니다.

이 3단계 처리 과정이 모두 성립될 때 우리는 비로소 '공부를 했다.'라고 말할 때와 같은 결과를 얻을 수 있습니다.

미리 세우는 내 아이 입시 전략

하지만 많은 학생은 첫 번째 단계인 이해조차도 하지 못한 채 단순히 새로운 정보가 입력되는 것만 반복하고 있으면서 열심히 '공부했다.'라고 착각을 합니다. 이것은 마치 전문 캐스터와 해설자의 설명을 들으며 프리미어 리그의 축구 경기를 본 것만으로 '내일 학교에 가서 친구들과 축구할 때 저 기술을 사용해서 골을 넣어야지.'라고 자신만만해하는 것과 마찬가지입니다.

본 것(=입력)만으로는 문제해결(=출력)이 어렵습니다. 흔히 '공부머리'라고 불리는 논리력, 사고력, 문제해결력 같은 것들이 종합적으로 뛰어난 아이는 특별히 노력하지 않아도 입력 후 자연스럽게 출력 단계로 넘어가지만, 대다수의 아이는 연습 없이는 입력과 출력 사이에 존재하는 3단계 처리 과정을 제대로 밟아 나가는 것이 어렵습니다.

선생님의 명쾌한 설명을 아무리 열심히 들어 봐야 듣고, 연습하고, 내 것으로 만들고, 제대로 이해했는지 확인하는 과정이 없다면 시간만 낭비하는 결과가 됩니다. 마찬가지로 수백 문제를 풀고 오답 노트를 만들었다고 한들, 왜 내가 처음 풀이했던 것은 답이 아니었던 건지 정답과 차이를 깨닫지 못하고 그저 해설지의 옳은 풀이만 들여다보고 있다면 이 역시 제대로 된 공부는 아닙니다.

모든 전문가가 입을 모아 이야기하는 '결국 중요한 건 심화 학습이다.'라는 말의 의미도 이와 일맥상통합니다. 심화란 어려운 문제집을 누가 더 많이 풀었느냐가 아닙니다. 제대로 된 과정을 거치며 치열하게 고민하고 공부했는가가 심화의 진정한 의미입니다.

뜬구름 잡는 소리라고 여기며 그냥 넘어가면 안 됩니다. '블랙라벨'의 문제를 외우다시피 풀어도 해설지의 과정을 고민 없이 그저 외우기만 한 학생은 조건이 하나라도 달라지면 여전히 그 문제는 손을 대지 못합니다.

중·상위권 학생들만 이런 착각에 빠지는 것이 아닙니다. 사실 중위권 이하 학생들이 훨씬 더 많이 '공부했다.'라는 착각에 빠집니다. 그나마 중·상위권 학생들의 착각은 방법이 잘못된 것이기 때문에 난이도가 높지 않은 하~중 난이도의 문제를 풀 때는 그리 어려움을 느끼지 않습니다.

하지만 하~중 난이도 문제를 풀 때도 한숨부터 쉬는 중위권 이하 학생들은 대체 무엇이 문제일까요? 이런 학생들은 애초에 '입력'조차도 제대로 되지 않았을 확률이 높습니다.

시험 기간 아영이의 하루 일과

시간	일과
08시 30분	학교 등교
16시 30분	학교 하교
18시 00분	학원 등원
21시 00분	학원 하원
21시 30분	독서실 입실
23시 00분	독서실 퇴실

아영이는 8시 10분쯤 집에서 나서서 8시 30분이면 학교에 도착합니다. 수업이 끝나면 오후 4시 반. 친구들과 학원 근처에 가서 저녁을 먹고 6시에는 학원 수업을 시작합니다. 두 과목 수업이 끝나는 시간은 밤 9시. 벌써 하늘은 깜깜합니다.

평소라면 이제 집에 가서 씻고 야식을 먹고 드라마를 보다가 잠이 들었겠지만 지금은 시험 기간이라 집 근처 독서실로 자리를 옮겨 11시가 되어서야 퇴실을 합니다.

자, 여기서 퀴즈를 내겠습니다. 아영이가 공부한 시간은 몇 시간일까요?

14시간 30분?

학교 일과 시간은 뺀 4시간 30분?

학원 시간까지 뺀 1시간 30분?

정답은 '알 수 없다.'입니다.

아영이는 14시간 30분을 공부했을 수도 있고, 0시간을 공부했을 수도 있습니다.

학교든 학원이든 독서실이든, 장소와 관계없이 매 수업 때마다 집중하여 머리를 쓰며 노력했다면 학습 시간은 14시간일 테고, 그저 앉아서 선생님과 인터넷 강의를 쳐다만 보고 있었다면 학습 시간은 0시간인 겁니다.

그러니 일정표로는 아이들의 진짜 학습 시간을 알 수 없습니다.

많은 아이가 집에서 나선 순간부터 집에 들어오는 순간까지 무거운 가방을 메고 학교로, 학원으로, 독서실로 뺑뺑이를 돌았으니 '할 만큼 했다.'고 여깁니다. 공부하는 느낌에 중독이 된 겁니다.

하지만 단순히 집 밖에 있었던 시간만으로는 진짜 학습량을 파악하기 어렵습니다. 아이들 역시 뭔가 찝찝하긴 한데 내가 얼마나 공부를 했는지 명확하게 말하는 것은 힘듭니다. 숨기려는 게 아니라 정말로 몰라서 그럽니다. 그러니 우리 아이의 상황을 파악하고 올바른 학습 습관을 기르기 위해서는 진짜 학습량을 파악하는 것이 우선입니다.

진짜 학습량은 어떻게 파악할 수 있을까?

❶ 타이머는 선택이 아닌 필수이다.

책상 앞에 앉아 있는 시간은 길어도 실제로 공부한 시간은 얼마 되지 않을 수도 있습니다. 그래서 딴 짓 하는 시간을 빼고 정확하게 공부를 할 때만 누르는 타이머를 활용하여 자신의 집중력 유지 시간을 확인하는 것이 좋습니다. 이를 통해 한 번에 집중할 수 있는 시간을 기준으로 학습 계획을 짜는 것이 바람직합니다.

❷ 학습 계획을 짤 때는 시간이 아니라 내용을 중심으로 한다.

스터디 플래너를 쓰는 많은 학생은 '6시부터 7시까지는 영어 단어 외우기', '7시부터 8시까지는 수학 학원 숙제하기' 식으로 계획을 짭니다. 하지만 시간이 중심이 되면 내가 정확히 어떤 공부를 했는지 알기 어렵습니다. 또 계획한 시간 안에 할 일을 끝내지 못하면 뒷부분은 흐지부지되기도 합니다. 따라서 지금부터는 '영어 단어 30개 외우고 테스트하기', '수학 학원 숙제하고 채점한 뒤에 오답노트 쓰기'와 같은 방식으로 계획을 짜도록 유도해 주세요.

❸ 학습 난이도를 표시하여 양보다 질에 신경 쓴다.

2번처럼 '할 일'을 중심으로 쓰는 계획표에도 단점은 있습니다. 많은 리스트를 작성하지 않으면 어쩐지 공부를 많이 하지 않은(하루를 충실히 보내지 못한 것 같은) 기분이 들기도 하거든요. 그런데 어려운 학습, 시간이 많이 걸리는 공부를 하려면 하루에 소화할 수 있는 학습 계획은 한계가 있기 마련입니다. 그러니 오늘 공부할 목록을 나열한 뒤, 내가 예상하는 어려움을 별표 등으로 표시한다면 난이도까지 신경 쓰는 균형 있는 학습이 가능해집니다.

6장 공부하는 아이로 만드는 엄마의 스킬

중위권에서 상위권 도약,
무엇이 필요할까?

"선생님, 우리 아이는 '순공 시간'도 많아요. 그린데도 성적이 오르지 않으면 공부머리가 없는 걸까요?"

학습의 '입력'이 제대로 되고 있는데도 불구하고 결과가 좋지 않은 학생이라면, 이제 두 번째 단계인 '아는 것과 모르는 것을 구분하기'로 넘어가야 합니다.

공부를 한 뒤 내가 이해한 것과 아직 이해하지 못한 것을 제대로 파악하는 능력은 요즘 교육계의 화두 중 하나인 '메타인지'와도 직접적인 연관이 있습니다.

먼저, 메타인지를 한마디로 설명하자면 공자님의 말씀만한 것이 없습니다.

미리 세우는 내 아이 입시 전략

아는 것을 안다고 말하고, 모르는 것을 모른다고 말할 수 있다면 그것이 곧 진짜로 아는 것이다.

－『논어』 중

그러니까 메타인지란 내가 아는 것이라면 의심을 가지지 않고 확실하게 설명할 수 있고, 모르는 것은 무엇인지 정확하게 구분하여 말할 수 있는 능력을 말합니다. 좀 더 쉽게 이야기하면 '자기객관화' 능력이라고도 할 수 있습니다. 하지만 대다수의 학생은 이 자기객관화에 실패하곤 합니다.

EBS에서 방영되었던 다큐멘터리인 「학교란 무엇인가」에서 수능 상위 800등 안에 든 학생들과 평범한 학생들을 각각의 그룹으로 나누어 실험을 진행했습니다.

이때 예상과 달리 아이큐, 기억력, 부모의 능력이나 배경 같은 것들은 유의미한 차이를 보이지 않았고, '내가 얼마만큼 알고 있는가?'를 확신하는 능력이 두드러진 차이를 보였습니다. 즉 최상위권의 학생들은 평범한 학생들에 비해 자신의 상황과 능력을 정확하게 인지하는 자기객관화 능력이 매우 발달해 있었던 것입니다.

그렇다면 메타인지는 어떻게 하면 기를 수 있을까요?

새로운 지식을 배움 → 암기와 이해를 통한 체득 → 자가 테스트 실시 → 앎과 모름을 구분 → 부족한 부분 재학습 → 학습 완료

앞의 표는 메타인지를 기르기 위한 올바른 학습 방법입니다. 배우고 익혔다면 테스트를 통해 알고 있는 것과 모르는 것을 정확히 구분하여 모르고 있는 부분은 재학습하고 다시 테스트를 반복하여 앎의 경지로 도달하는 것이 바로 학습의 완료 과정입니다.

학습을 한 후 다양한 종류의 테스트를 실시하는 학생은 많습니다. 하지만 테스트 이후 내가 아는 것과 모르는 것을 제대로 구별하여 재학습하는 학생은 찾아보기가 매우 어렵습니다.

자신이 세운 기준에 부합하는 성적, 예를 들면 단원 테스트에서 90점 이상을 받았다면 '충분히 잘하고 있네! 오케이, 다음 단원!'을 외치고, 혹은 풀이 과정이 좀 헷갈리거나 확신할 수 없었지만 정답으로 표시된 문제라면 다시 돌아보지 않으니 재학습을 통해 부족한 부분을 채워 넣을 기회를 잃고 마는 것이지요.

고등학생들에게 문제를 풀 때 타협의 이유를 물어보니 크게 2가지 대답이 나왔습니다.

첫째, 관성적으로 목표 점수를 달성하면 그것으로 충분하다고 생각했다.
둘째, 꼼꼼하게 보고 싶어도 시간이 부족해서 찜찜하지만 그냥 넘어갔다.

우리는 학생들의 대답에서 잘못된 학습법의 원인을 찾을 수 있습니다. 많은 아이가 테스트의 목적을 잘못 생각하고 있었던 것입니다. 학습 후 테스트(점검)를 하는 학생들도 '내가 배운 내용을 확인해야지.'라는 학습 목표를 기준점으로 두지 않고 '80% 이상은 맞아야 해.'라는 점수를 목표로 삼은 것입니다.

결국 내가 진짜로 이 내용을 알고 있느냐, 모르고 있느냐는 중요한 문제가 아니라 적당히 기준만 통과하면 넘어가는 식의 학습을 하고 있으니 메타인지가 키워질 리 없었던 것입니다. 학습에서 가장 중요한 것은 다름 아닌 제대로 된 테스트입니다. 꼭 오지선다형 문제풀이 방식을 따르지 않아도 좋습니다. 오히려 이런 객관식 문제 풀이를 기준으로 잡는 것보다는 말로 풀어 설명할 수 있는 테스트가 훨씬 더 나은 방법입니다.

메타인지를 높여 주는 점검법 3가지

1. 말로 설명하기

2. 백지 복습법

3. 문제와 해설 만들기

위와 같은 점검 방법은 점수를 매기기 어렵다는 점에서 '복습이 잘되고 있는 건가?' 하는 의문이 들지도 모르지만, 정확한 개념과 이해가 동반되지 않는다면 해당 활동이 불가능하다는 점에서 아이들이 직접 '앎'과 '모름'을 구분하는 데 아주 효과적인 방법입니다. 모르는 것이 무엇인지 깨닫는 순간이 아이들이 자라는 때입니다.

성적표만 잘 읽어도
진짜 실력이 보인다

입시 관련 정보보다 더 중요한 긴 우리 아이의 현재 상황을 정확하게 파악하는 일입니다. 학원을 다니거나 홈스쿨링을 하는 경우, 학부모님들은 아이들의 학업 상태를 문제집의 동그라미 개수로 파악하려는 경향이 있습니다. 그런데 학교 시험이 없는 초등~중등 저학년 때까지는 문제집을 잘 푸느냐 혹은 오답이 많으냐를 가지고 평가에 오류가 생기는 일이 많습니다.

자, 옆의 표에 표시를 한 번 해 볼까요?

미리 세우는 내 아이 입시 전략

내용	체크		
	○	△	×
자녀가 푸는 문제집의 정확한 난이도를 말할 수 있다.			
자녀가 푸는 문제집에서 부족한 내용을 보완할 대안을 가지고 있다.			
자녀가 푸는 문제집의 평균 사용자 대비 자녀의 실력을 유추할 수 있다.			
자녀가 잘하는 단원과 어려워하는 단원을 구분할 수 있다.			
명확한 기준을 근거로 자녀의 개념 이해 정도를 말할 수 있다.			
자녀가 이번 학기 또는 학년 동안 무엇을 배울 것인지 인지하고 있다.			
문제 풀이를 넘어 배운 내용의 활용 여부에 대한 평가를 할 수 있다.			

제시된 7개 문항은 문제집의 동그라미 개수만으로 아이들의 학습 상황을 점검하는 것이 얼마나 위험한지 한눈에 보여 줍니다.

문제집을 다른 말로 참고서라고도 부릅니다. 명칭에서 알 수 있듯, 문제집은 학생들의 학습에 도움을 받으려 참고할 만한 책이지 학습의 평가를 위한 것이 아닙니다. 때문에 문제집을 통해 공부를 하는 것과 학습 평가는 별개로 구분할 필요가 있습니다.

학습 평가를 위해서 부모님들이 꼭 알고 있어야 하는 것들은 다음과 같습니다.

1. 이번 학년(학기)에는 무엇을 배우며, 각 단원의 학습 목표는 무엇인가?
2. 어떤 기준을 토대로 아이의 학습 달성 정도를 측정할 것인가?
3. 우리 아이의 학습 달성 정도는 또래를 기준으로 어느 위치에 있는가?

위 3가지는 각각 학습 목표/채점 기준/객관적 결과를 나타내는 질문으로서 평가에서 빠져서는 안 되는 항목입니다. 다시 말하면 적어도 이 3가지 항목에 명확하게 답을 하지 못한다면 자녀의 학습 상황을 제대로 파악하지 못하고 있다는 뜻입니다.

교육 전문가가 아닌 학부모님들이 과목별로 해당 항목들을 모두 신경 쓰는 건 매우 어려운 일이 분명합니다. 그렇다고 소홀히 할 수도 없기 때문에 일부 학부모님은 지역의 대형 학원에 비용을 지불하고 테스트를 받기도 합니다. 사설 학원의 테스트로 아이의 학습 상황을 점검하는 것은 위 기준 중 2번과 3번에 대한 답변을 제공받는 것과 비슷한 효과를 가집니다.

다만, 학원은 학교와 달리 상대적으로 측정 집단의 실력이 상향평준화되어 있는 경우가 많아서 자칫 잘못하면 불필요한 조급함을 불러일으킬 수 있습니다. 또 점수로는 확인하기 어려운 여러 기본 학업역량(공간지각능력, 문학적 감수성, 연계 탐구역량 등)은 파악하기가 쉽지 않다는 단점도 있습니다.

그래서 우리는 학교 성적표를 제대로 활용할 줄 알아야 합니다. 먼저, 중학교 학생부의 공식 성적 체계를 같이 알아볼까요?

미리 세우는 내 아이 입시 전략

교과학습 발달 상황					
학기	교과	과목	원점수 / 과목 평균	성취도(수강자 수)	비고
1	국어	국어	88 / 82.2	B (211)	

과목	세부능력 및 특기사항
국어	

위의 표는 중학교 학생부에 기록되는 '교과학습 발달 상황'으로 학생들의 공식 성적 기록입니다. 용어를 하나씩 풀어서 설명하자면 다음과 같습니다.

해당 학생은 1학기 때, 국어과에 속한 '국어'(교과서 이름)를 배운 결과, 지필고사와 수행평가를 합친 합계 점수가 88점으로 우리 학교 '국어' 과목의 평균점수인 82.2점보다 높았습니다. 같은 학년 수는 모두 211명이고, 성취도는 B등급을 받았습니다.

'성취도'에 대해서 먼저 설명하겠습니다. 성취도는 예전의 수우미양가와 같은 절대평가 개념이라고 생각하면 됩니다. 보다시피 중학교의 공식 성적표에는 그 어디에도 등수나 등급이 없습니다. 일반적으로 5단계 절대평가 형식을 사용하는데 기준은 다음과 같습니다.

성취율(원점수)	성취도
90% 이상	A
80% 이상 ~ 90% 미만	B
70% 이상 ~ 80% 미만	C
60% 이상 ~ 70% 미만	D
60% 미만	E

단, 체육과 음악, 미술 교과는 5단계 절대평가가 아닌 3단계 절대평가를 따릅니다.

성취율(원점수)	성취도
80% 이상	A
60% 이상 ~ 80% 미만	B
60% 미만	C

앞서 말한 것처럼 지필고사뿐 아니라 수행평가가 합쳐진 점수입니다. 최근 많은 중학교는 수행평가 비율이 40%에 달하기 때문에 좋은 평가를 위해서는 수행평가도 소홀히 해서는 안 됩니다. 예전과 달리 이제 수행평가는 단순히 '태도점수' 개념이 아닙니다.

자, 그렇다면 이제 A등급으로 점철된 점수를 받은 성적표를 받았다면 우리 아이는 우등생이라는 인증을 받은 것일까요? 개인적으로는 칭찬을 해 주고 싶습니다. 모든 과목에서 A등급을 받았다는 것은 어떤 한 과목도 소홀히 하지 않고 밸런스를 맞추며 공부했다는 뜻이므

미리 세우는 내 아이 입시 전략

로 좋은 학습 습관이 길러졌다는 것이거든요.

하지만 일반적인 의미에서 '성적이 좋은' 우등생이라고 할까 한다면 그건 또 다른 문제입니다. 앞서 말한 것처럼 중학교 공식 성적 체계는 상대평가가 아닌 절대평가입니다. 어떤 아이가 중학교 내내 수학에서 A등급(90점 이상)을 받았다고 이 학생이 고등학교에 가서도 수학에서 1등급을 받을 수 있을지는 알 수 없습니다. 그러므로 부모님들은 아이가 다니는 학교의 과목별 A등급 비율을 확인할 필요가 있습니다.

다음은 수도권에 위치한 A 중학교의 2022년 2학년 1학기 학생들의 과목별 성취도 분포를 나타낸 것입니다. 영어를 한 번 볼까요?

과목	1학기					
	평균	성취도별 분포 비율				
		A	B	C	D	E
국어	83.0	41.4	28.2	16.5	6.1	7.9
도덕	83.7	38.6	34.8	15.0	6.6	5.1
역사	84.4	46.7	24.4	16.5	6.3	6.1
수학	73.5	31.5	17.3	16.0	10.2	25.1
과학	71.8	18.0	23.4	16.2	16.8	25.6
기술·가정	85.4	49.0	29.4	11.9	4.1	5.6
체육	85.7	78.2	16.0	5.8		
음악	88.4	82.2	12.2	5.6		
미술	87.9	87.1	10.4	2.5		
영어	79.0	38.6	23.1	13.7	6.9	17.8
한문	74.2	23.4	20.3	19.5	17.3	19.5

이 학교 2학년 학생들의 '영어' 시험 점수 평균은 79.0점이었습니다. A등급 비율은 무려 38.6%에 달하지요. B등급을 받은 학생들도 23.1%나 됩니다. 즉 80점 이상을 받은 학생이 전체의 60%가 넘는다는 뜻입니다. 79점이라는 낮은 평균은 이 학교의 영어 시험이 어려웠다기보다는 E등급(60점 미만)을 받은 17.8%의 학생들이 낮은 점수로 인한 것임을 깨달으셨나요?

참고로 38.6%의 백분율은 고등학교로 따지면 4등급 후반입니다. 한 문제만 더 틀렸어도 5등급이었다는 이야기입니다. 중학교 때 90점이었던 아이가 고등학교에 가서 4등급을 받았다는 건 드문 경우가 아니란 증거입니다.

따라서 고등학교 진학 후 높은 점수를 목표로 하는 학생들이라면 중학교 A등급에 만족해서 심화 학습을 등한시하는 일은 없어야 합니다. A등급은 사실 시작이라고 보아도 무방하니까요.

그렇지만 80점대(B등급)가 나왔다고 하더라도 너무 심각해질 필요는 없습니다. 만약 B등급 혹은 그보다 더 낮은 등급이 나왔다면 아이와 허심탄회하게 이야기를 해 보세요. 아이에게 덤벙대는 습관이 있는지, 혹은 시험에 지나치게 긴장을 하는 유형인지 등을 파악할 수 있는 기회가 되기도 합니다.

해당 과목이 점점 버거워지고 있음을 재빠르게 파악해서 아이의 다음 학습 계획을 전반적으로 점검하고 수정해서 새로운 기회를 만들어낼 수 있는 순간입니다. 그러니 오히려 다행스러운 일입니다.

미리 세우는 내 아이 입시 전략

특히 틀린 문제를 분류하면서 아이가 유독 힘들어하는 영역이 보인다면 금상첨화입니다. 수학을 아주 잘하는 아이도 성향상 몇몇 단원은 도저히 이해하기 어려워할 수 있고, 영어를 아주 잘하는 아이도 특정 문법에서 오개념이 박혀 있는 경우도 있습니다.

그러니 중학교 성적표에서 A등급이냐, B등급이냐가 중요한 것이 아니라 A등급을 받았더라도 현실에 안주하지 않고 심화 학습을 계속해 나가는 것, B 이하 등급을 받았다면 아이의 학습에 어려움이 생겼다는 것을 인정하고 보완하는 기회로 삼아야 합니다.

Q. 우리 아이 학교의 과목별 성취도 비율은 어디에서 볼 수 있나요?

A. ❶ 학교알리미 사이트(www.schoolinfo.go.kr/)에 접속해서 학교 이름을 검색해 주세요.

　❷ 학업 성취사항 → 교과별 학업 성취사항을 클릭해 주세요.

　❸ '공시년월'과 '학년'을 조절하여 보고 싶은 정보를 확인하세요.

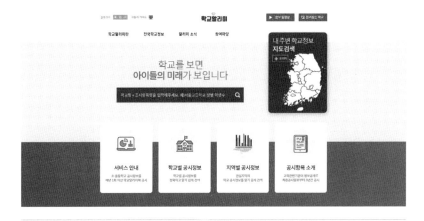

선행에 대한
오해와 진실

"선생님! 심화가 중요하다는 건 아는데 그렇다고 선행을 안 할 수는 없잖아요. 어떻게 해야 할까요?"

학부모님들의 가장 현실적인 고민 중 하나가 바로 '선행이냐, 심화냐.' 하는 것입니다. 선행과 심화를 동시에 하는 것이 가장 좋지만 이번 방학 동안, 혹은 이번 학기 학습 계획을 세울 때 여러 가지 이유로 하나만 선택해야 하는 상황에 맞닥뜨리게 되면 고민이 시작됩니다.

선행을 하는 이유는 분명히 존재하고 장점도 확실합니다. 선행 학습에 대한 오해를 풀고 선행을 보다 효과적으로 하기 위해서는 선행 학습의 목적을 분명히 해야 합니다.

선행을 하는 까닭은 무엇일까요?

미리 세우는 내 아이 입시 전략

❶ 시간 부족을 막기 위해

선행을 하는 가장 많은 이유입니다. 만약 선행 학습을 하지 않았을 경우, 학기 중에 학교 수업만으로는 진도를 따라가기 어렵거나 심화 학습을 충분히 할 수 있는 시간적 여유가 없다고 판단한 경우입니다.

이 경우에 해당하는 학생들은 주로 반 학기~1년 정도의 선행을 하고, 빠른 진도를 희망하기보다는 방학 중 선행과 학기 중 심화 학습을 목표로 합니다. 특히 고등학교를 앞둔 학생들이 고등학교의 살벌한 학습량에 미리 준비하고자 하는 경우가 많습니다. 다만, 시간 부족을 우려해서 하는 선행이 그저 문제집 양을 늘리기 위한 빠른 진도로 변질되는 것은 막아야 합니다.

기억력은 휘발성이 강합니다. 기껏 배운 내용을 잊어버리지 않으려면 지속적인 후행 학습이 필요한데, 1년 이상의 진도를 선행하는 학생들은 대부분 아주 예전에 배운 것들에 대해 손을 놓은 지 오래 되어 결국 해당 학기를 맞닥뜨렸을 때, 반 학기~1년 정도 선행을 나간 학생들과 동일한 선에서 시작하는 불상사가 생기곤 맙니다.

시간은 한정적이니 무엇이 중요한지 고민이 필요한 지점이겠지요?

❷ 미리 친숙해지기 위해

보통 선행 학습을 하는 아이는 해당 과목을 잘한다고 생각합니다. 그래서 중위권 혹은 하위권 학생들은 선행 학습에 대해 "나는 그런 걸 할 때가 아니에요."라고 말하기도 합니다. 하지만 과연 그럴까요?

6장 공부하는 아이로 만드는 엄마의 스킬

새로운 진도를 낯설어 하는 학생들에게도 선행은 필요합니다. 특정 과목을 어려워하는 학생들은 새로운 개념이나 원리를 받아들이는 데 시간이 걸립니다. 하지만 미리 공식이나 간단한 문제에 익숙해지도록 하는 가벼운 선행은 이런 학생들에게 미리 준비할 수 있는 시간을 마련해 주는 기회가 됩니다.

해당 학기에 들어섰을 때 눈에 익은 개념이 들어오면 포기하고 연필을 놓는 대신 쉬운 문제부터 차근차근 도전해 보는 자신감을 마련해 주는 것이지요. 이는 중·하위권 학생들의 학습 부담을 덜어 주고, 학습 의욕을 고취시키는 데 도움이 됩니다. 물론 난이도는 잘 조절해야 합니다.

❸ 넓은 시야를 확보하기 위해

다음 학기 혹은 다음 학년의 내용을 배우면 현행 진도에 도움이 될 때가 있습니다. 이차함수를 배우면 일차함수 이해가 빨라지고, 고2 영어를 배우면 고1 영어 어휘가 쉬워지는 것이 대표적인 선행을 통한 현행 진도 도움의 예입니다. 또 선행을 통해 일부 학생은 '나무가 아닌 숲을 보는 경험'을 하게 되는데, 이는 해당 교과의 전반적인 흐름을 이해하는 데 도움이 되어 학습 효과를 높입니다.

하지만 여기서도 함정은 존재합니다. 현행에 구멍이 생긴 것을 찾아내지 못한 채 선행 학습을 하게 된다면 선행으로 배운 내용 역시 오개념에 물들기 때문에 학생들의 이해 상황에 큰 문제로 남게 됩니다.

이 경우, 어디서부터 문제가 시작되었는지 학년이 지날수록 찾아내기가 요원해지므로 '시야 확보'를 위해 선행을 한다면 꾸준히 테스트를 병행해서 오개념이 있지 않은지 지속적으로 파악해야만 합니다.

❹ 불안감을 해소하기 위해

'남들은 다 하는데 나만 안 하네?'

어른들이 보기에는 별 것 아닌 것 같지만, 어떤 성향의 아이들은 자기 혼자 뒤처진 것 같다는 불안감에 사로잡힙니다. 특히 자신과 비슷한 성적대의 친구가 자기보다 훨씬 더 빠른 진도를 나가고 있으면 다음 학기, 혹은 다음 학년이 되었을 때 위축이 되기도 합니다.

이는 학습의욕과 자존감의 문제로 직결되는 경우가 있기 때문에 그냥 웃어넘길 수 있는 문제는 아닙니다. 10대 아이들에게는 친구들과의 관계가 절대적이어서 부모님이나 선생님들의 조언과 평가보다 친구들이 자기를 어떻게 보고 있는지, 친구들 사이에서 자신에 대한 평가가 훨씬 더 중요할 때가 많습니다.

그렇기 때문에 만약 아이가 '나도 선행을 하고 싶다. 친구들은 다 하더라.'라는 뉘앙스로 말을 꺼낸다면 부모님의 교육관을 잠시 접어 둘 필요도 있습니다.

이렇게 선행을 하는 이유는 다양하고 그 효과도 만만치 않습니다. 하지만 그럼에도 불구하고 선행에 대한 착각은 조심해야 합니다.

대표적인 선행에 대한 착각

A. 선행을 많이 하면 우리 아이는 그 과목을 잘하는 것이다.

B. 선행을 많이 하면 현행은 따로 복습하지 않아도 된다.

C. 선행은 시간이 많이 걸리니 지금 빨리 하고, 심화는 나중에 해도 된다.

위의 3가지 착각은 자녀가 선행 학습을 할 때 부모님들이 반드시 주의해야 합니다. 이는 선행과 심화를 혼동해서 생긴 일입니다.

A. 선행을 많이 하면 우리 아이는 그 과목을 잘하는 것이다.
→ 심화를 많이 하면 우리 아이는 그 과목을 잘하는 것이다.
B. 선행을 많이 하면 현행은 따로 복습하지 않아도 된다.
→ 선행을 많이 해도 현행은 반드시 따로 복습해야 한다.
C. 선행은 시간이 많이 걸리니 지금 빨리 하고, 심화는 나중에 해도 된다.
→ 고학년이 될수록 심화에 필요한 시간이 압도적으로 많아서 미뤄 두었다가 나중에 몰아서 하는 것은 불가능하다.

선행을 하며 심화를 하는 것은 당연히 가능합니다. 가장 추천하는 방식의 공부법이기도 하고요. 하지만 모든 선행이 반드시 심화를 동반하지는 않는다는 점을 꼭 기억하길 바랍니다.

자, 우리 아이에게 지금 필요한 건 선행인가요? 아니면 심화인가요?

홈스쿨링이
모든 것을 결정한다

최근 SNS상에서는 직접 아이의 학습을 케어하며 '가정 내 학습'을 1순위로 두는 학부모님이 많아지고 있습니다. 미취학 아동 때 주로 시작되는 엄마표 영어를 시작으로 엄마표 하브루타, 엄마표 글쓰기, 엄마표 사고력 수학까지…. 거의 모든 분야의 학습 주체가 '선생님과 학생'이 아닌 '부모님과 아이'으로 바뀌고 있습니다.

전문가들은 제대로만 한다면 엄마표 학습의 성과와 효율이 뛰어나다고 합니다. 하지만 "엄마표는 어차피 고학년이 되거나 중학생이 되면 어렵잖아요."라는 의견도 만만치 않습니다. 이렇게 전문가와 부모님들의 의견이 갈리는 이유는 '엄마표 학습'이라는 개념에 대한 정의가 서로 다르기 때문입니다.

엄마표 학습은 엄마가 직접 가르쳐야 하는 것일까요? 아니면 그저 꾸준한 격려를 보내면 되는 것일까요? 모두 아닙니다.

여기서 엄마표 학습의 정의부터 새로 할 필요가 있습니다.

엄마표 학습을 좁게 보면 '엄마가 직접 가르치는 것'으로, 티칭의 영역입니다. 하지만 이상적인 엄마표 학습은 그저 엄마가 선생님의 역할을 하는 것은 아닙니다. 아이들에게 단순한 지식 전달자의 역할을 하기 위해서 교육관을 바로 세우고, 여러 사람과 의견을 나누고, 경험자의 이야기를 들으며 다짐을 하는 것은 아니니까요. 게다가 단순 지식 전달자의 역할만 하는 것이라면 사실 부모님보다는 해당 분야의 전문가인 전문 강사들에게 맡기는 편이 훨씬 효율적입니다.

그러면 엄마표 학습은 아이가 학교와 학원 등지에서 배운 새로운 지식을 꾸준하게 공부하도록 돕는 일일까요? 이를 학습 영역에서는 트레이닝이라고 하는데 개념적 지식을 실행적 지식으로 바꿀 수 있도록 돕는 일을 말합니다. 핵심은 반복적인 훈련과 연습을 돕는 것이지요. 어떤가요? 그럼 엄마표 학습에서 부모님의 역할은 트레이너가 되는 것이면 될까요?

역시 아닙니다. 트레이너가 된 부모님은 아이의 실력을 성장시키는 데 결정적인 도움을 줄 수 있기는 하지만 내면의 성숙이나 스스로의 목표를 세울 수 있는 힘을 키워 주는 것은 어렵습니다. 이를 키우기 위해서는 '코칭'의 영역을 이해해야만 합니다.

학습에서 '코칭'이란 배우고 익힌 뒤 내면화하는 데까지 도움을 주

는 것을 말합니다. 즉 단순 암기와 이해를 넘어 어떤 문제가 나오더라도 적절히 재구성하고 재조합하여 답을 찾을 수 있는 단계까지 올라갈 수 있도록 동반자의 역할을 하며 서로의 목표를 끊임없이 주고받는 관계인 것이지요. 이것이야말로 학부모님들이 지향하는 '엄마표'의 궁극적인 단계가 아닐까요?

올바른 코칭을 위해서는 티칭과 트레이닝을 거쳐야 합니다. 간혹 이 단계를 무시하거나 뛰어넘을 수 있다고 생각하는 학부모님들도 있지만, 자기주도적인 학습을 하려고 하더라도 우선은 아는 것이 있어야 자기주도도 가능합니다. 그러니 기본적인 단계를 지키도록 돕는 것 역시 코치의 몫입니다.

결국 제대로 된 엄마표 학습이라는 것은 단순히 엄마가 아이를 직접 가르치거나 숙제를 챙기는 것을 넘어 코치가 된다는 의미입니다. 그래서 저는 '엄마표 학습'이라는 말 대신 '가정 내 자기주도 학습'이라는 말을 더 선호하는 편입니다. 어떤가요? 훨씬 더 명확하지 않나요?

가정에서부터 자기주도 학습을 꾸준히 실천해 온 학생들은 어지간

6장 공부하는 아이로 만드는 엄마의 스킬

한 어려움에는 주눅 들지 않고, 벽에 가로막혀도 심호흡으로 가다듬으며, 도전 계획을 세울 수 있는 힘을 가지고 있습니다. 언제나 가족들의 응원과 지지 속에서 스스로 목표를 세우고 달성해 온 경험이 누적되어 있으니까요. 이건 고학년이 될수록 돈 주고도 살 수 없는 저력이 됩니다.

우리 아이 학습 코치 되기

❶ 학습 기준과 약속 정하기

다른 아이들의 속도는 신경 쓰지 마세요. 아이들마다 제로백(정지 상태에서 시속 100km에 이르는 시간)은 다릅니다. 결국 중요한 것은 목표한 곳에 사고 없이 무사히 도달할 수 있느냐 하는 문제입니다. 겨우 영 점 몇 초를 줄이기 위해 아이의 엔진이 망가지는 걸 보고 있으면 안 됩니다.

❷ 아이의 학업에 대한 어려움 이해하기

나와 비슷한 상황에 있는 사람들과 이야기를 나누는 것만으로도 응어리가 풀리는 기분을 느껴 본 적 있나요? 아이들도 마찬가지입니다. 공부는 어렵습니다. 힘들고요. 당장이라도 관두고 놀러 가고 싶은 마음을 꾹 참고 학업을 지속한다는 것은 생각보다 더 대단한 일입니다. 학생의 본분이 공부라지만 그걸 제대로 해 내는 학생은 불과 몇 퍼센트 되지 않으니까요.

그러니 "어차피 해야 하는 일이야."라는 식의 말은 그 어떤 동기부여
도 되지 못합니다. 아이의 힘듦을 들어 주세요. 가끔은 말을 하는 것으
로 스트레스가 풀릴 때도 있으니까요.

❸ 아이의 감정 지능 키워 주기

존 가트만 박사의 이론에 따르면 감정 코칭을 잘한 부모님 아래서
자란 아이들은 학업수행력은 물론 사회적응력, 대인관계, 창의성 등
많은 분야에서 높은 성취를 거뒀다고 합니다. 아이의 감정을 포착하
고(1단계), 적절히 개입하여 감정을 수용해 주고(2단계), 부모님과 감정
에 대해 이야기하면서 스스로의 감정을 정의(3단계)할 수 있는 아이로
자라게 해 주세요. 공부보다 더 많은 것을 배울 겁니다.

나가는 글

아이의 목표는
부모의 목표가 된다

"엄마, 나 꿈이 생겼어요!"

어느 날 아이가 대뜸 꺼낸 말에 밤잠을 설치는 것이 부모의 마음입니다. '애가 갑자기 철이 들었나?'부터 시작해서 '그럼 어떻게 뒷바라지를 해 줘야 하는 거지?'라는 생각이 들면 난생처음 입시 설명회도 가보고 책도 찾아보게 되지요.

사실 부모님들도 압니다. 어린 자녀가 말하는 꿈이라는 건 거창한 목표라기보다는 그저 한순간 지나가는 관심에 가깝다는 걸 말입니다. 하지만 만에 하나라도 자녀의 꿈이 나의 무관심과 무지함으로 꽃도 피워 보지 못하고 스러질까 봐 전전긍긍하는 것이지요.

아이의 목표는 그렇게 엄마의 목표가 됩니다. 하지만 우리가 처해 있는 입시라는 현실은 그리 녹록지 않습니다. 부모님이 공부하기에는 지나치게 복잡하고, 또 도저히 따라 잡기 어려운 속도로 변해 갑니다.

아이를 위해 다른 이들의 속도를 따라 잡으려 노력하다 보면 어느 순간 부모님의 뒤를 잘 따라오고 있던 아이가 보이질 않습니다. 그제 야 깜짝 놀라 뒤를 돌아보며 아이가 어디쯤 있는지 확인을 하면 부모 님의 예상과는 너무나 다른 지점에서 놀고 있는 것이 보입니다. 화가 나기도 하고 서운하기도 합니다.

'지금 내가 왜 이러고 있는데!'

알아주지 않는 아이에게 섭섭하다가도 추월하기 시작하는 경쟁자 들이 보이면 조급함이 들어 뒤처져 있는 아이의 손목을 잡고 다시 종 종걸음을 칩니다.

"여기서 뭐하고 있어! 이럴 시간 없어, 빨리 가자. 저기까지 가려면 부지런히 가야 해!"

그런데 어쩐지 아이는 계속 뒤를 돌아보는 것만 같습니다. 분명 아 이의 꿈을 향해 가는 여정이었는데 저기 보이는 목표에 아이는 심드 렁해하고 부모님만 조바심을 내는 아이러니한 상황이 벌어지고 맙니 다. 그럴 때는 그냥 다시 아이에게 물어봐 주세요.

"지금 꿈은 뭐야?"

지금까지 온 길이 아깝다고요?

다시 확인해 보세요. 아이의 손목을 끌고 가던 그 길은 절벽 위에 위 태롭게 놓인 유일한 외나무다리가 아닙니다. 꽃밭에 있는 무수한 길

중 하나일 뿐입니다. 요행을 바라지 않고 차근차근 냇가도 건너고 갈림길도 지나서 왔다면 지금껏 지나온 여정들은 아이의 자산이 되어 있을 겁니다.

그러니 아이의 꿈이 변하는 것을 두려워하지 마세요.

자녀와 부모님이 함께 떠날 새로운 여정을 응원합니다.